Helmut Jermer

Innere Führung kompakt –
eine Zusammenschau als Lehr- und Lernhilfe

Standpunkte und Orientierungen: Band 13
Herausgegeben von Uwe Hartmann

Helmut Jermer

Innere Führung kompakt

eine Zusammenschau
als Lehr- und Lernhilfe

2019

Carola Hartmann Miles-Verlag

Bibliografische Information der Deutschen Nationalbibliothek
Die Deutsche Nationalbibliothek verzeichnet diese Publikation in der Deutschen Nationalbibliografie; detaillierte bibliografische Daten sind im Internet über www.dnb.de abrufbar.

© 2019 Carola Hartmann Miles-Verlag, Berlin
www.miles-verlag.jimdo.com
email: miles-verlag@t-online.de

Herstellung: Books on Demand, Norderstedt

Printed in Germany

ISBN 978-3-945861-96-7

Inhaltsverzeichnis

Vorwort

Jeder Soldat kennt den Begriff ‚Innere Führung‘, viele benutzen ihn ganz selbstverständlich. Was aber ist eigentlich darunter zu verstehen? Mit diesem Bändchen wird versucht, sowohl den Zugang zu diesem komplexen Themenfeld zu erleichtern als auch Innere Führung zu durchdringen.

Um Innere Führung (IF) in der Bundeswehr zu verankern, sollte jede Gelegenheit zur Vermittlung genutzt werden – auch nachwuchsbedingt ein Dauerauftrag. Durch Vorschriften und Ausbildungshilfen, Unterrichte und Seminare soll sie bei jedem Soldaten „ankommen“. Die Vorgesetzten stehen in der Pflicht, Innere Führung den ihnen anvertrauten Soldaten vorzuleben und sie anzustecken; sie soll von allen verstanden (verinnerlicht) und beherzigt (auswendig/by heart) werden.

In diesem Band werden *vier unterschiedliche Ansätze* vorgestellt, die dazu einladen, das Warum und Wofür von Streitkräften in der Demokratie und den Sinn des Soldat-Seins heute aus verschiedenen Perspektiven zu betrachten; es geht um Information, um Legitimation, Integration, Motivation, Identifikation. Die Werte und Normen, die in unserem Grundgesetz verwoben sind, bilden ein ethisches Koordinatensystem, ein Raster für das „politische Gewissen“ eines jeden Staatsbürgers, des ‚Staatsbürgers in Uniform‘ zumal.

Im *ersten* Teil geht es um die Innere Verfassung der Bundeswehr. Zunächst werden Rahmenbedingungen der IF beschrieben, gleichsam der politisch-historische Nährboden, auf dem IF gedeiht oder –

anders formuliert – warum IF so ist, wie sie ist. Dabei wird ein Bogen *vom Menschenbild des Grundgesetzes zum Selbstverständnis des Soldaten* geschlagen. Politische Vorgaben, rechtliche Grundlagen und ethische Auflagen münden in eine Definition der IF. Es wird angedeutet, wie anspruchsvoll Führen als komplexer Vorgang ist, was für eine hohe Schule das „Führen mit Auftrag" (Auftragstaktik) ist, welcher Gehorsamskultur die Bundeswehr folgt, konkret: was Gewissen und Verantwortung bedeuten und was traditionswürdig ist.[1]

Im *zweiten* Teil werden ethische Grundlagen des soldatischen Dienstes vertieft und als ‚Sozialkunde für Soldaten' empfohlen. Der Bezug zur christlich-abendländischen Kultur ist unverkennbar. Es geht um Orientierung, um Ausrichtung auf die Werteordnung des Grundgesetzes, um *Wertebindung, Gewissensbildung* und – schließlich – um *Lebensführung.* Der Soldat soll wissen, warum er dient und wofür er im Letzten steht. Und er soll wissen, welchen Sinn er in seinem Dienst im allgemeinen und seinem Einsatz im besonderen sehen kann. Lebenskunde als spezifische Form von *Ethik für die Bundeswehr* soll in Zukunft einen höheren Stellenwert erhalten und allen Soldaten systematisch vermittelt werden; sie kann als eine Art „Ausstatter/Zulieferer" von IF verstanden werden.

Im *dritten* Teil stellen Christen in der Bundeswehr vor, wie sie sich als Soldaten sehen und belegen, dass sie in der Bundeswehr ihre christliche Gesinnung

---

[1] Dieser Beitrag wurde in gekürzter Form in der Zeitschrift IF 4/2017 veröffentlicht.

nicht am Kasernentor abgegeben haben. Diese Positionen zeigen ein Selbst-Verständnis vom gewissenhaften Dienst in der Bundeswehr.

Der *vierte* Teil ist als Zusammenschau der vorigen Teile angelegt und kann als Lern- und Lehrhilfe genutzt werden. Bezugsrahmen ist ein Schema („Lehrgebäude"), mit dem IF als ganzheitliche Konzeption aufgeschlossen werden kann. Die Leitbilder „*Armee in der/für die Demokratie*" (Rollenverständnis/ Organisation) einerseits und des „*Staatsbürgers in Uniform*" (Selbstverständnis/Person) andererseits werden her- und abgeleitet, erklärt und vertieft.

Im *Anhang* zeigt die Rede des Bundespräsidenten, die er *zum 80sten Jahrestag des Überfalls auf Polen* in Warschau gehalten hat, warum es gut für die Bundesrepublik war und ist, auf dem Boden des GRUNDgesetzes Frieden, Recht und Freiheit zu kultivieren. Auf dieser GRUNDlage gründet IF als soldatische Ethik für die Bundeswehr: jeder Soldat ist auf die freiheitlich verfasste und demokratisch angelegte Ordnung verpflichtet. Die Präambel des Grundgesetzes, die Artikel 1-19 (Grundrechtekatalog) – und in deren Logik der Artikel 26 – sind herausragende Referenzen für den gewissenhaften Gehorsam, wie ihn die Bundeswehr pflegt: Angriffskriege und andere Verbrechen sind unter Strafe gestellt! Und *über allem steht die Würde des Menschen* – jedes Menschen! Schließlich sind die Soldaten der Bundeswehr auf das Grundgesetz vereidigt. Und das ist sehr gut so!

Schließlich wird an einigen Beispielen gezeigt, was ethisches Bewusstsein aus christlichem Glauben in den Köpfen und Herzen von Soldaten bewirkt – bis hinein in das Vertrauliche des Gebets. IF hat – gefördert durch die Militärseelsorge – auch eine spirituelle Dimension. *Fürbitten sind Denkanstöße.* Sie lassen innehalten, lassen zur Besinnung kommen. Nach-denken führt zur Selbst-Erkenntnis: selbstkritisch, ehrlich, aufrichtig. Irrwege machen Umwege notwendig: um-denken, vor(aus)-denken, neu ausrichten, ein klares Zielbild vor Augen ... So kann auch unrühmliche Vergangenheit bewältigt werden. IF belegt, dass es funktioniert.

Innere Führung –
die Seele der Bundeswehr

Innere Führung ist eine anspruchsvolle Führungsphilosophie: Eine den Werten des Grundgesetzes entsprechende menschliche Ordnung der Streitkräfte zu gestalten und zugleich dem militärischen Auftrag nachzukommen, kann im Rückblick auf mehr als sechs Jahrzehnte Bundeswehr als Erfolgsstory bezeichnet werden. Innere Führung soll als geistige und moralische Herausforderung erkannt und vor allem als ganzheitliche Konzeption begriffen werden, die alle Bereiche der Bundeswehr wie Sauerteig oder Salzkörner durchdringt ... Doch manchmal kommen Zweifel. Der alljährliche Bericht der Wehrbeauftragten, Fehlgriffe im menschlichen Miteinander, Extremismusentgleisungen, aber auch einige Webfehler im System Bundeswehr lassen aufmerken und fordern zu Korrekturen auf. Und: in einer Großorganisation gibt es immer Regelungsbedarf: Militia semper reformanda.

Der Geist von Himmerod

Anfang der 50er Jahre trafen sich 15 Generale, Admirale und Generalstabsoffiziere der ehemaligen Wehrmacht zu Besprechungen im Eifelkloster Himmerod[1] mit dem Ziel, eine deutsche Position für Gespräche mit den westlichen Alliierten als Kanzlervorlage[2] vorzubereiten. Der ‚Geist von Himmerod‘

---

[1] Ein Zisterzienser-Kloster, nördlich der A 60, zwischen Bitburg und Wittlich gelegen

[2] Die „Himmeroder Denkschrift" (1950) ist ein Dokument zu ersten Überlegungen für einen deutschen Verteidigungsbeitrag; ihr vollständiger Titel lautet: „Denkschrift über die Aufstellung eines Deutschen Kontingents im Rahmen einer übernationalen

inspirierte die ‚Gründerväter' der Bundeswehr: mit der Aufstellung der „neuen deutschen Truppe" sollte grundlegend Neues geschaffen werden, *„ohne Anlehnung an die Formen der alten Wehrmacht".* Vielmehr *„sollte den Erfahrungen und Gefühlen des deutschen Volkes Rechnung getragen werden. "* Dabei wurde auf den notwendigen neuen Inhalt ebenso Wert gelegt wie auf entspanntere Formen: kein Stechschritt, keinen Kommiss, und vor allem, was noch tiefer gehen sollte, kein blinder Gehorsam.

Der Soldat[3] sollte mit der politischen Ordnung seines Landes sowohl Freiheit im Sinne der Selbstbestimmung als auch soziale Gerechtigkeit verteidigen. Das Hauptmotiv soldatischen Denk-Handelns sollte aus christlich-abendländischen Werten, aus europäischen Idealen generiert werden. Traditionelle und nationale Bindungen sollten vor einem gemeinsamen Größeren in den Hintergrund treten, gleichwohl sei eine gesunde Vaterlandsliebe zu pflegen, die wüsste, dass mit den europäischen Werten auch Deutschland verteidigt würde[4]. Sowohl die Truppe

---

Streitkraft zur Verteidigung Westeuropas." (vgl. H.- J. Reeb/P. Többicke, Lexikon Innere Führung, Walhalla-Fachverlag, Regensburg, Berlin 2003, Seite 134f)

[3] Für diesen Band gilt: die tradierte maskuline Form der Substantive „Soldat(en)", „Vorgesetzte(r)", „Bürger", etc. schließt selbstverständlich Frauen mit ein

[4] Seinerzeit ging es übrigens nicht um nationale Streitkräfte, sondern um einen deutschen Betrag zur Verteidigung Europas, also ein Kontingent, das in eine übernationale Armee zu integrieren vorgesehen war. Der sicherheitspolitisch vorsichtige und friedenspolitisch weitsichtige Vorstoß wurde durch das Veto der französischen Nationalversammlung im Jahre 1954 zu Fall gebracht.

als Ganzes wie auch der einzelne Soldat hätten aus innerer Überzeugung die Demokratie als Staatsform zu bejahen.[5] Es dürfe kein ‚Staat im Staat' entstehen. „Geist und Grundsätze des Inneren Neuaufbaus (sollten) von vornherein auf lange Sicht festgelegt werden und über etwa notwendige Änderungen der Organisation ihre Gültigkeit behalten." Damit war bereits implizit[6] eine neue deutsche Führungsphilosophie für die Bundeswehr angelegt.

Die Sonne bringt es an den Tag – viel Licht …

Die Klugheit der geistigen Väter der Inneren Führung hat ‚gezündet'. Neuerungen haben es an sich, dass sie von manchen als „ungeheuerlich" empfunden werden, von anderen als „fortschrittlich, notwendig, erwünscht …" Der Streit zwischen Traditionalisten und Reformern hat die Geister geschieden: die Reformer haben sich durchgesetzt. Innere Führung ist heute die anerkannte und hochgeschätzte Führungskonzeption, welche die Bundeswehr geprägt hat und auch weiterhin formen wird.

Innere Führung soll die ganze Bundeswehr erfassen und jeden Bereich durchdringen; sie ist inzwischen zum unverkennbaren Markenzeichen einer selbstbewussten Truppe geworden, die auch von anderen Armeen geachtet und nicht selten bewundert wird. Die noch jungen Demokratien, die sich nach dem Zerfall des Warschauer Paktes in Mittel-Ost-Europa herausgebildet haben, fragen nach dem Know-How

---

[5] vgl. Soldatengesetz (SG) § Pflicht zum treuen Dienen
[6] Seinerzeit gab es noch keine entwickelte Führungslehre mit entsprechenden Leitbegriffen

von demokratiefreundlichen und staatstragenden Streitkräften. Im Rückblick auf über sechs Jahrzehnte Bundeswehr kann Innere Führung als Erfolgsstory betrachtet werden. Sie hat es ‚wesentlich‘ in sich, dass sich die Bundeswehr immer wieder an die politischen Vorgaben/Aufgaben anpassen kann (militia semper reformanda[7]). Einschneidende Reformen (Transformationsprozesse) führen per se, zumindest phasenweise, zu Unwuchten, welche die Streitkräfte „aus dem Gleichschritt“ bringen können. Reformen zielen also darauf, die Truppe im Hinblick auf künftige Aufgaben strukturell anzupassen und personell wie materiell zu optimieren. Dies verbessert das Fähigkeitenprofil, auf das immer wieder abgehoben wird. KVP[8] liegt natürlich auf der Genkette der Inneren Führung, die – so verstanden – ihrerseits den Wandel konstruktiv zu begleiten und zu einem erneuerten, stabilen Selbstbewusstsein beizutragen vermag.

Der hohe Anspruch der Inneren Führung muss angesichts neuer aber auch verschleppter Probleme als geistige Herausforderung und moralische Verpflichtung erkannt werden; als ganzheitliche Konzeption sollte sie alle Bereiche der Bundeswehr durchdringen. Bei allen Reformen, welche die Bundeswehr inzwischen durchgemacht hat, stand die Innere Führung nie zur Disposition; sie ‚auszusondern‘

---

[7] In Abwandlung des Imperativs der christlichen Kirchen: ecclesia semper reformanda. Daran darf 500 Jahre nach der Reformation erinnert werden, da diese ein Beleg dafür ist, dass unterlassene Reformen zu Brüchen und Trennung führen
[8] KVP=Kontinuierlicher Verbesserungsprozess

hieße, die Bundeswehr zu entseelen. Die Bundeswehr wäre nicht mehr *die* Bundeswehr. Die Auswirkungen auf die innere Verfassung der Streitkräfte wären ‚verheerend'. Also heißt die Parole: Wehret den Anfängen!

Die Tatsache, dass die Bundeswehr funktioniert, dass Soldaten in dieser Armee unter – im Vergleich zu anderen Ländern – guten Bedingungen ihren Dienst leisten können, dass sich Menschen in ihr wohl fühlen, ist die eine Wirklichkeit.

… aber auch Schatten

„Die Sonne bringt (es) an den Tag", wenn in der Truppe schlimme Dingen passieren, die dann wochen-, gar monatelang die Schlagzeilen beherrschen, die anständigen Soldaten zuerst Scham- und dann Zornesröte ins Gesicht treiben. Verstörend sind auch Vorkommnisse, die der jährliche (Mängel-)Bericht des Wehrbeauftragten an den Tag bringt. Er dokumentiert, dass Innere Führung immer noch nicht überall gegriffen hat bzw. begriffen wurde. Immer wieder erregen Fälle von Misshandlungen in einigen Einheiten der Bundeswehr öffentliche Aufmerksamkeit. Im Rahmen der Ausbildung wurden Soldaten entwürdigend behandelt. Anderswo haben Vorgesetzte ihre Befehlsbefugnis missbraucht, sich im Umgangston vergriffen, oder aber das Disziplinar- und Beschwerderecht nicht korrekt angewandt. Verwerflich ist es auch, wenn Kameraden, meist unter Alkoholeinfluss, einander misshandeln oder sich einfach nur schlecht benehmen. Dabei steht jedoch nicht die Innere Führung in der Kritik. Wer behauptet, die Innere Füh-

rung hätte versagt, hat sie nicht verstanden; sie kann gar nicht versagen. Die Kritik bzw. die Rügen decken menschliches Fehlverhalten/Versagen auf.

Das Beschwerderecht im allgemeinen, die Institution des Wehrbeauftragten im besonderen sind, wie die Einrichtung der Vertrauensleute, Hygienefaktoren, welche sich konstruktiv auf das Betriebsklima in der Bundeswehr auswirken: auf das Verhalten von Vorgesetzten und auf den Umgang der Soldaten untereinander.

Auch der Bundeswehrverband als anerkannte Soldatenvertretung beobachtet die Bundeswehr von innen und außen und begleitet sie; mit seiner konstruktiven Kritik deckt er immer wieder Mängel und Missstände auf. Er weist auf Ungerechtigkeiten hin, welche die Würde der Soldaten verletzen und den Ruf der Truppe schädigen. Die Problemfelder erstrecken sich von „A" wie „Ausbildungsmängel" bis „Z" wie „Zumutungen", die den Dienst der Soldaten mangels Ausrüstung und Ausstattung erschweren.

Ohne den Anspruch, den dieser Anwalt der Soldaten an den Dienstherrn richtet und ohne den Einspruch, der leider manchmal im Namen der ‚Solidargemeinschaft Bundeswehr" erhoben werden muss, bestünde durchaus die Gefahr, dass die Bundeswehr zum Stiefkind des Staates werden könnte. Das Treueverhältnis zwischen Soldaten und Dienstherrn beruht auf Gegenseitigkeit, wiewohl die Grenze zwischen treuem und „treudoofem" Dienen fließend ist.

Richtig verstehen, überzeugend vorleben und nachhaltig vermitteln

Jeder Soldat hat den Begriff ‚Innere Führung' oft gehört, viele benutzen ihn jeden Tag ganz selbstverständlich. Haben alle, die den Begriff so oft bemühen, auch tatsächlich verstanden, worum es geht? Oder noch schärfer gefragt: beherzigen sie im Truppenalltag, was der Begriff vorgibt? Die langen Erfahrungen von Mittlern der Inneren Führung zeigen, dass es immer noch schwierig ist, Innere Führung gerade dem Führungsnachwuchs der Bundeswehr (Offizier- und Unteroffizieranwärter) nachhaltig zu vermitteln. Wenn es aber schon schwer ist, diesen Multiplikatoren begreiflich zu machen, was Innere Führung ist, wie viel schwerer ist es dann erst, sie dem jungen Soldaten oder gar Außenstehenden nahezubringen.

Wer Innere Führung im Truppenalltag erlebbar machen will, darf, auch wenn er sich – notwendigerweise – mit Teilaspekten beschäftigt, nie den Blick für das Ganze verlieren, das mehr ist als die Summe seiner Teile. Innere Führung ist ganzheitlich angelegt und verlangt demzufolge eine übergreifende und umfassende Sicht im Sinne eines Unternehmensleitbildes. Dabei geht es um Wertvorstellungen (Menschenbild GG) und daraus abgeleiteten (soldatischen) *Tugenden*, die beim Soldaten (als Rezipienten) Denk- und Verhaltensweisen beeinflussen.

‚Kommissköpfe' verwechseln Innere Führung mit einem ‚Weichspülprogramm', das die notwendige Strenge in der Ausbildung konterkariere. Und die „ganz Harten" meinen, sie diene bestenfalls als

„Heftpflaster für Wehwehchen", die man sich im rauhen Soldatenalltag zugezogen hat. Technokraten sehen in der Inneren Führung „das Maschinenöl, das den Motor der Auftragserfüllung schmiert". Sie alle liegen falsch.

Wer meint, Innere Führung ließe sich durch Befehl und Gehorsam erzwingen, auf dem Vorschriftenwege verordnen oder an Paragraphen festzurren, banalisiert sie. Wer glaubt, Innere Führung könne man als Lehrfach ‚abhaken', als Unterrichtsstunde ‚absitzen' oder in einem Führungsgrundgebiet ‚endlagern', um diese ‚vergeistigte Disziplin, die gerade noch gefehlt habe', als ‚erledigt!' abzustempeln, hat sie schlicht nicht kapiert. Innere Führung lässt sich weder verordnen noch verwalten, Sie verlöre ihre Wirkung, wenn sie nicht vom Verstand erfasst und im Herzen bewegt würde. Schließlich soll Innere Führung verhindern, dass Bundeswehrsoldaten zu Söldnern verkommen oder zu Armeefunktionären verkümmern. Eine so einmalige Konzeption darf weder von Bürokraten zerwaltet noch von Technokraten vergewaltigt werden! Vielmehr stärkt und bildet Innere Führung ‚anständige/zivilisierte' Soldaten für eine Armee in der Demokratie. Und immer geht es dabei um Haltung und Persönlichkeit.

Politische Vorgabe –
eine Armee in der Demokratie

Die Bundeswehr steht als Armee für die freiheitlich verfasste und demokratisch angelegte politische Ordnung der Bundesrepublik Deutschland. Deutsche Streitkräfte demonstrieren den Willen des Volkes zur Selbstbehauptung im Kräftespiel internationaler Politik; als Instrument der Politik stellt die Bundeswehr einen durch das Grundgesetz legitimierten Machtfaktor dar, der mit dem Völkerrecht harmoniert. Damit wird die Bundesrepublik Deutschland außenpolitisch handlungsfähig. Die Verfassung erkennt *die Würde des Menschen als obersten Zweck allen Rechts* an und bindet die Staatsgewalt mit ihren Institutionen an diese Vorgabe.

Innere Führung kann als ein ‚Gesellschaftsvertrag‘ verstanden werden, der ein konstruktives Vertrauensverhältnis zwischen Bürger und Soldat, zwischen Staat und Armee verlangt und der die Streitkräfte auf die Demokratie verpflichtet. Mit der Inneren Führung bindet die Bundesrepublik Deutschland die Bundeswehr an den Rechts- und Sozialstaat und macht sie zu einem Teil ihrer selbst, zu einer ‚Armee *in der* Demokratie und *für die* Demokratie‘. Mit dem ideellen Überbau Innere Führung (Führungskonzeption), der die militärorganisatorische Basis (Infrastruktur, Ausbildung, Betrieb ...) überwölbt, hat die Bundeswehr eine Antwort gefunden, mit der sie ihre Rolle in Staat und Gesellschaft verfassungs- und gesellschaftskonform bestätigt. Innere Führung stellt somit Einvernehmen zwischen Armee und Demokratie her und ordnet hierarchisch strukturierte Streitkräfte in den demokratisch konstituierten Staat ein.

Die Dynamik der Inneren Führung ergibt sich aus eben diesem Spannungsverhältnis zwischen bürgerlicher Freiheit einerseits und soldatischer Ordnung andererseits, zwischen demokratisch angelegter Gesellschaft (und deren Entwicklung) auf der einen und hierarchisch aufgebautem Militär auf der anderen Seite. Innere Führung ist der Kompromiss zwischen dienstlichen Erfordernissen und individuellen Bedürfnissen.

Innere Führung ist das Ergebnis der Reflexion aus einerseits belastenden und andererseits befreienden Erfahrungen der Vergangenheit. Die aus der schwierigen Vergangenheitsbewältigung der Deutschen gezogenen Lehren, die einem ‚politischen Bußprozess' gleichkamen und immer noch gleichkommen, haben u.a. zu folgenden Einsichten geführt: dem Friedensgebot in der Präambel des Grundgesetzes, der Menschenwürde als oberstes Gebot der Verfassung und die sie fördernden und schützenden Grundrechte, ein dem Gewissen verhafteter Gehorsam, dem Primat der Politik samt der parlamentarischen Kontrolle („Parlamentsarmee"), der Bereitschaft zur Beteiligung an Systemen kollektiver Sicherheit, dem Verbot der Vorbereitung eines Angriffskrieges mit der daraus resultierenden Festlegung der Streitkräfte auf Verteidigung. Der Primat der Politik gibt vor, was mit der Bundeswehr, in ihr und durch sie geschieht. Die Bundeswehr kann so nie als Selbstläufer ausbrechen oder zum ‚Staat im Staat' mutieren.

Somit stellt sich die Bundeswehr als eine durch die Lehren aus der Vergangenheit geläuterte *Armee in der Demokratie* dar; sie ist ethisch orientiert an den Werten und Normen des Grundgesetzes, auf dem sie rechtlich fundiert ist. Als Parlamentsarmee ist sie demokratisch legitimiert; vom Bundestag im allgemeinen und vom Wehrbeauftragten im besonderen wird sie parlamentarisch kontrolliert. Und – schließlich – ist sie als Armee in der Demokratie und für die Demokratie gesellschaftlich integriert. Gewissenhaftes und verantwortungsbewusstes Handeln der politischen Entscheidungsträger vorausgesetzt, sollen alle diese Sicherungen die Streitkräfte (als politisches Instrument) vor Missbrauch und verhindern Fehlentwicklungen schützen.

Rechtliche Grundlage - eine Verfassung für die Streitkräfte

Der Primat der Politik als Grundbedingung aller Entscheidungen, welche die Streitkräfte betreffen, ordnet die Bundeswehr als Institution der Exekutive in die Strukturen des demokratisch legitimierten und parlamentarisch kontrollierten Rechtsstaates ein, macht sie damit von der Legislative abhängig und setzt sie der Kontrolle der Judikative aus. Die deutsche Wehrverfassung[9] ist mit dem Grundgesetz abgestimmt. Sie steckt den rechtlichen Rahmen für den Auftrag der Bundeswehr ab, aus dem sich wiederum der personelle Umfang und die materielle Ausstattung ergeben (Art 87a GG). Streitkräfte dürfen demnach nur zum Zwecke der Verteidigung eingesetzt und niemals zu einem Angriff missbraucht werden. Verteidigung ist dabei im weiteren Sinne zu verstehen. Als Mitglied der Vereinten Nationen (Art 25 GG) und Partner in übernationalen Organisatio-

---

[9] Mit Wehrverfassung werden die Bestimmungen des Grundgesetzes bezeichnet, die Regelungen zur militärischen Verteidigung und zum Wehrwesen treffen. (vgl. Lexikon Innere Führung)

nen (Art 23/24 GG) ergeben sich nämlich solidarische Beistandsverpflichtungen. Denn: wer für sich Recht und Freiheit beansprucht, muss auch anderen gönnen, in den Genuss dieser Werte zu kommen, und wer von anderen erwartet, dass sie ihm beistehen, muss zur Gegenleistung (Solidarität) bereit sein. Es geht schließlich darum, dass sich Menschen, egal, wo sie leben, in Würde entfalten können.[10]

Auch für die innere Ordnung der Bundeswehr wurden Lehren aus der Vergangenheit berücksichtigt und rechtlich abgesichert. Die Soldaten der Bundeswehr sind auf die Verfassung (und nicht wie in früheren Zeiten auf eine Person) vereidigt. Sie dienen aus Einsicht in die Notwendigkeit einer moralisch gerechtfertigten Verteidigung, die nicht nur auf den eigenen Staat (Art 51 UN-Charta/Art 87a GG), sondern auch auf das Bündnisgebiet (Art V NATO-Vertrag) bezogen ist. Deutschland – *lokal* – wächst seit dem Ende des Kalten Krieges als souveräner Staat in die internationale Verantwortung hinein und kann sich künftig nicht entziehen, wenn es durch seine Mitgliedschaft in der NATO oder in der OSCE[11] – *regional* – oder in der UNO – *global* – zu solidarischen Beistand aufgefordert wird. Die moralische Verpflichtung, Frieden zu fördern (Präambel

---

[10] In diesen Zusammenhang gehört auch die Einsicht der Vereinten Nationen in die Notwendigkeit zur „Responsibility to Protect" (R2P)

[11] Um die OSCE über- und international aufzuwerten und friedens- und sicherheitspolitisch wirksam werden zu lassen, müssen nationale Egoismen und politischer Dilettantismus überwunden werden (außenpolitische Eigenbrötelei im Westen, autoritäre und korrupte Staatsapparate im Osten)

GG), zu sichern oder wiederherzustellen (Art 24 GG) gründet in der Goldenen Regel[12] und ist dementsprechend zu interpretieren: Wenn irgendwo flagrante Menschenrechtsverletzungen geschehen, wenn es gilt, dem Völkerrecht Geltung zu verschaffen, darf die Staatengemeinschaft[13] – und mit ihr Deutschland – nicht wegsehen. So betrachtet ist der Einsatz für Recht und Freiheit nicht nur auf das eigene Land bezogen, sondern gilt in seiner außenpolitischen Dimension universell und liegt durchaus im Staatsinteresse Deutschlands! Wer dieses „Weltethos"[14] akzeptiert, muss dem erweiterten Verständnis des Soldateneides zustimmen. Weitsichtig hat das II. Vatikanische Konzil (1962 bis 1965) formuliert: *„Wer als Soldat im Dienst des Vaterlandes steht, betrachte sich als Diener der Sicherheit und Freiheit der Völk**er**. Indem er diese Aufgabe erfüllt, trägt er wahrhaft zur Festigung des Friedens bei."*[15]

Die Bundeswehr kultiviert nicht erst seit heute einen Gehorsam, der an die Werte des Grundgesetzes gebunden ist: demnach brauchen Befehle nur ausgeführt zu werden, wenn sie dienstlich begründet sind (also letztlich dem Verfassungsauftrag entsprechen,) und wenn sie die Menschenwürde nicht verletzen; Befehle dürfen nicht befolgt werden, wenn sie

---

[12] „Was ihr von anderen erwartet, das tut auch ihnen." Die Bibel, Neues Testament, Matthäus-Evangelium 7,12
[13] Mitunter erscheint die Staatengemeinschaft einäugig oder blind.
[14] Küng, Hans: Projekt Weltethos, München 1990
[15] Gaudium et Spes (GS), Nr 79, Pastoralkonstitution des II. Vatikanischen Konzils, 1965. Man beachte: das Wort „Völker" steht im Plural!

verbrecherische Absichten verfolgen oder zu Vergehen auffordern würden. Die Regeln des Völkerrechts, mit dem das Grundgesetz abgestimmt ist, binden sowohl den Befehlsgeber als auch den Befehlsempfänger.

Der Bundeswehrsoldat hat die gleichen Rechte und Pflichten wie jeder andere Bürger. Seine Rechte dürfen nur eingeschränkt werden, wenn dies durch den Verteidigungsauftrag im Sinne des Gemeinwohls notwendig ist. Nach dem Prinzip: soviel Freiheit wie möglich und sowenig Einschränkung wie – dienstlich begründet – nötig, erlebt der Soldat auch im militärischen Alltag demokratische Umgangsformen: beispielsweise soll er an Entscheidungen beteiligt werden, die ihn direkt oder auch indirekt angehen. Dadurch wird der Umgang miteinander transparent und berechenbar und trägt zur Vertrauensbildung bei. Schließlich ist es dem Staatsbürger in Uniform unbenommen, demokratische Rechte zu nutzen. So hat er die Möglichkeit, sich an Vertrauenspersonen zu wenden, sich zu beschweren oder auch durch eine Eingabe an den Wehrbeauftragten des Deutschen Bundestages auf Missstände aufmerksam zu machen. Und natürlich steht ihm das aktive und passive Wahlrecht zu. Er kann sich parteipolitisch und gewerkschaftlich engagieren, sollte sich allerdings seiner Rolle als Vorgesetzter/Multiplikator bewusst sein und sich entsprechend zurückhalten, denn: die Bundeswehr ist eine Parlaments- jedoch keine Parteiarmee! Dies zu betonen gebietet die „politische Hygiene"; Selbstdisziplin ist gefordert.

Ethische Auflage – der Staatsbürger in Uniform

Der Schlüssel zum Selbstverständnis der Soldaten der Bundeswehr liegt in der Inneren Führung, der es um den Menschen, um seine Geborgenheit in der Institution und darüber hinaus um die Integration der Institution in die Gesellschaft geht. Sie legt das ethische Koordinatensystem vor, in dem sich der Staatsbürger in Uniform selbst finden und Position beziehen kann. Die Dynamik der Inneren Führung wächst im Spannungsfeld zwischen staatsbürgerlicher Freiheit einerseits und soldatischer Ordnung (auch Ein- und Unterordnung), insbesondere der Bindung der Soldaten an Befehl und Gehorsam, andererseits. Innere Führung will Harmonisierung zwischen Bürger und Soldat, zwischen Demokratie und Armee; sie vermittelt Einsicht in die institutionelle Einbindung funktionsfähiger Streitkräfte. Als Ethik für die Bundeswehr fördert die Innere Führung den Gedanken der ‚Armee *in der* Demokratie‘, die sich als ‚Armee *für die* Demokratie‘ schützend vor die politische Ordnung stellt. Sie nimmt im ‚Staatsbürger in Uniform‘ konkret Gestalt an, prägt ihn in geistig-moralischer Hinsicht und fordert das Führungspersonal in besonderem Maße heraus.

Soldaten unterliegen dem Prinzip von Befehl und Gehorsam. Sie sind gehalten, die ihnen zugewiesenen Aufträge gewissenhaft und zuverlässig zu erfüllen. Vorgesetzte sind sich nicht nur ihrer Macht, sondern auch ihrer Verantwortung bewusst, wenn sie Befehle geben und durchsetzen. Denn der Umgang mit Waffen und das Handeln in risikoreichen oder belastenden Lagen verlangen ein waches Gewissen und ein angemessenes Urteil. Grenz- und Gefahrensituationen bringen es mit sich, dass Soldaten die Frage nach dem Sinn ihres Tuns tiefer ergründen. Dann kann der Dialog mit einem unabhängigen Gesprächspartner helfen oder die Teilnahme an einer Rüstzeit oder Werkwoche, wie sie die Militärseelsorge anbietet.

Innere Führung – Begriffsklärung und Definition[16]

Moderne Unternehmen geben sich ein Leitbild[17], an dem sich Management wie Mitarbeiter orientieren sollen. Innere Führung ist die aus der Wehrverfassung abgeleitete, von der Politischen Leitung gewollte und von der Militärischen Führung (hoffentlich) verinnerlichte *Führungsphilosophie* des ‚Unternehmens' Bundeswehr, die in einem (gesellschaftskonformen/sozialverträglichen) Leitbild (Staatsbürger in Uniform) und Leitsätzen (für Soldaten im Einsatz) ausformuliert wird, was in der Zusammenschau als *Führungskonzeption* bezeichnet werden kann. Vorgesetzte in ihrer Vorbild- und Mittlerfunktion konkretisieren und realisieren diese Führungskonzeption, indem sie die Truppe, also alle Soldaten, (vertrau-

---

[16] Nach mehr als 60 Jahren Bundeswehr ist es nach Auffassung des Autors an der Zeit, für den Begriff Innere Führung eine verbindliche Definition festzulegen, so konkret wie möglich und so abstrakt wie nötig.

[17] vgl. hierzu: Elmar Wiesendahl: Die Innere Führung auf dem Prüfstand – Zum Anpassungsbedarf eines Leitbildes, in: Forum Innere Führung, Band 25, Neue Bundeswehr - neue Innere Führung? – Perspektiven und Rahmenbedingungen für die Weiterentwicklung eines Leitbildes.

ens-)bilden, ethisch[18] binden und auf diese Weise konstruktiv eine *Führungskultur*, ein ‚konstruktives Miteinander', fördern (Binnenwirkung).

Innere Führung beschreibt und belebt aber auch die Bundeswehr als Institution in ihrer politischen Stellung in Staat und Gesellschaft. Die Wehrverfassung verlangt eine „Armee *in der* Demokratie und *für die* Demokratie" und damit ein entsprechendes Rollenverständnis für die Bundeswehr. Durch ihre Einbindung in den Staat (Primat der Politik) und ihre Akzeptanz durch die Gesellschaft (Armee in der Demokratie) beweist sie sich alltäglich (Bundeswehr im Einsatz), selbst dann, wenn die Soldaten Sandsäcke füllen. Innere Führung sorgt so für Sozialverträglichkeit und Demokratiefreundlichkeit der Bundeswehr (Außenwirkung).

Innere Führung ist also im Sinne einer Führungsphilosophie *die* Ethik für die Bundeswehr[19]

---

[18] Ethik ist eines von zwei Teilgebieten der Philosophie. Als ‚praktische Philosophie' (neben der Metaphysik als theoretische Philosophie') gibt sie vor, wie der Mensch handeln bzw. wie er sich entscheiden soll. Ethik befasst sich mit den Grundlagen menschlicher Werte und Normen, mit den Motiven, Methoden und Folgen menschlichen Handelns. Ethik hat das Ausmaß individueller Freiheit im Blick und weiß zwischen Gut und Böse zu unterscheiden. In diesem Sinne ist Innere Führung als Ethik für die Bundeswehr zu betrachten.

[19] … aus der heraus sich einerseits eine zeitgemäße, also anpassungsfähige (dynamische) Konzeption für die Institution (Rollenverständnis der Bundeswehr – institutionell), andererseits eine Führungskultur für die Menschen der Bundeswehr (Selbstverständnis des Soldaten – personell), entfaltet. Beide ‚Säulen' ließen sich auch als ‚Medaillen' darstellen, deren *beide Seiten* jeweils eine theoretische und eine praktische Seite zeigen,

Definition „Innere Führung"

Innere Führung ist eine *dynamische* Konzeption zur Verwirklichung von Werten und Normen des Grundgesetzes in der Bundeswehr.

Bestimmend ist das *Menschenbild des Grundgesetzes*, das die innere Verfassung der Bundeswehr prägt, das Miteinander der Soldaten konstruktiv regelt und zu gewissenhaftem Dienen motiviert.

Aus der Wechselbeziehung Armee/Staat bestimmt Innere Führung das *Rollen*verständnis von ‚Streitkräften in der Demokratie'; aus dem Verhältnis Gesellschaft/Soldat heraus stützt und gestaltet sie das *Selbst*verständnis vom ‚Staatsbürger in Uniform'.

Ihre Prinzipien bewirken – richtig verstanden und umgesetzt – auf vielfältige Weise die *Integration* der Armee in den Staat, konkret: des Bürgers in die Bundeswehr, des Soldaten in die Gesellschaft und – schließlich – der Bundeswehr in die Demokratie.[20]

Vom Menschenbild des Grundgesetzes ...

Das Bewusstsein, in der christlich-abendländischen Tradition zu stehen, das Wissen um politische, historische und kulturelle Zusammenhänge verpflichtet jeden verantwortungsbewussten Staatsbürger – und

---

nämlich die theoretische Beschreibung des ‚Staatsbürger(s) in Uniform', der in der Praxis als ‚Soldat im Einsatz' (personell) herausgefordert wird *und* die mit der Wehrverfassung gewollte ‚Armee in der Demokratie' (institutionell), die sich in den ihr gestellten Aufgaben in der Praxis des Truppenalltags bewähren muss. (Siehe auch Schema ‚Innere Führung kompakt')

[20] vgl. H.-J. Reeb – P. Többicke, Lexikon Innere Führung, Walhalla Fachverlag, Regensburg, Berlin 2003, Seite 320

gerade jene in Uniform – zur Wachsamkeit gegenüber jeder Gefährdung, damit Menschlichkeit unter dem Schutz der Verfassung gedeihen kann. Völkerrecht und Menschenwürde zu achten, ist ein sittlicher Imperativ, den es inner- und überstaatlich umzusetzen und als „Weltethos" zu fördern gilt. In diesem Sinne ist das Grundgesetz eine Sammlung von Lehren aus der Vergangenheit, die als Mahnung in der Gegenwart und als Verpflichtung für die Zukunft wirkt.

Die Bundesrepublik Deutschland versteht sich als weltanschaulich neutraler Staat, der jedoch nicht wertfrei ist, wie die Präambel (Gottesbezug) und der Grundrechtskatalog (GG) belegt. Die Würde des Menschen und seine individuellen und unveräußerlichen Rechte einerseits, subsidiäre und solidarische, gemeinschaftsbildende und -fördernde Pflichten andererseits prägen das Menschenbild des Grundgesetzes. Mit diesem Ansatz wird das Grundgesetz sowohl der Individualität als auch der Sozialität des Menschen gerecht. *„Das Grundgesetz ist eine wertgebundene Ordnung, die den Schutz von <u>Freiheit und Menschenwürde</u> als den obersten Zweck allen Rechts erkennt; sein Menschenbild ist nicht das eines selbstherrlichen Individuums, sondern das der in der Gemeinschaft stehenden und ihr vielfältig verpflichteten freien Persönlichkeit"*[21]

... zum Selbstverständnis des Soldaten heute

Das Selbstverständnis des deutschen Soldaten geht von diesem anspruchsvollen Menschenbild des

---

[21] BVerfG 12,45,51

Grundgesetzes aus: Wer Soldat in der Bundeswehr wird, bleibt *freie Person* mit einer unveräußerlichen Würde wie jeder Mensch (wir Christen sehen den Menschen als ‚Imago Dei', als Idee bzw. Vorstellung Gottes), *mündiger Bürger*, der nicht nur egozentriert lebt und nicht nur für sich selbst verantwortlich ist, *überzeugter Demokrat* in Kenntnis seiner Rechte und Pflichten als Ausdruck seiner politischen Reife, ein seinem Nächsten und der Gemeinschaft verpflichteter *verlässlicher Kamerad* und schließlich *motivierter Soldat*, der weiß, warum er dient, wofür er in letzter Konsequenz steht und der aus Einsicht in die Notwendigkeit seines Auftrags gehorcht. Die Synthese aus diesen Ansprüchen ist der „Staatsbürger in Uniform", der die freiheitliche und demokratische politische Ordnung verteidigt und schützt. Somit ist Innere Führung weit mehr als nur die ‚anständige Behandlung von Untergebenen', sondern im ganzheitlichen Sinne die *Realisierung von Werten und Normen des Grundgesetzes im militärischen Alltag,* die jeder Soldat und erst recht jeder Vorgesetzte verinnerlicht haben sollte.

Die Anständigkeit[22] eines Menschen, der weiß, wie er sich zu benehmen (Zivilität) hat (was er geben soll und empfangen darf), der Charakter eines Menschen ist nicht naturgegeben. Die Familie, die unter dem besonderen Schutz des Staates steht, ist die Keimzel-

---

[22] Sinnverwandt: ehrenhaft, ehrenwert, ehrlich, einwandfrei, fair, korrekt, loyal, moralisch, nett, rechtschaffen, rein, rücksichtsvoll, salonfähig, seriös, sittlich, sittsam, tugendhaft, unverdorben, züchtig - vgl. Duden, Bedeutungswörterbuch, Band 10, 2. völlig neu bearbeitete und erweiterte Auflage, Mannheim; Wien; Zürich, 1985

le, in der Kinder geborgen aufwachsen können und ihre frühe Prägung durch Erziehung erfahren; sie ist Vertrauenspool und Lernort in einem. Aus dem Ur-Vertrauen, das aus familiärer Geborgenheit wächst, können Sinn für das Gemeinwohl und soziales Engagement erwachsen. In diesem Zusammenhang stellt sich die Frage, was die Familie mit dem Selbstverständnis des Soldaten zu tun hat: Verbundenheit und Verbindlichkeit als Grundbedingung für den Dienst an der Gemeinschaft, was sich im Eid des Soldaten verdichtet, nämlich, „der Bundesrepublik Deutschland treu zu dienen und das Recht und die Freiheit tapfer zu verteidigen!"[23] Die Schulen haben die Pflicht[24], im Rahmen der politischen Bildung im Gemeinschafts- bzw. Sozialkundeunterricht die heranwachsende Generation auf Bürgerrechte aber auch auf Bürgerpflichten gegenüber Staat und Gemeinschaft vorzubereiten. Im Politik-Unterricht sollten Inhalte und Zusammenhänge der Grund-werte Freiheit und Verantwortung[25], Gerechtigkeit und

---

[23] vgl. soldatische Tugenden

[24] Es ist ein Unding, wenn Schulen Jugendoffizieren den Zutritt verweigern mit der Begründung, sie würden Schüler militarisieren oder sonst wie negativ beeinflussen. JgdOffz informieren über die Bundeswehr als Instrument der Politik, demokratisch legitimiert, ethisch orientiert, rechtsstaatlich grundgelegt ... Die Bundeswehr ist kein ‚Verein' und keine ‚Interessengruppe' unter vielen, sondern eine staatliche Institution! (Der Autor war über zehn Jahre hauptamtlicher JgdOffz.)

[25] Wer z.B. das Recht für sich in Anspruch nimmt, den Kriegsdienst mit der Waffe aus Gewissensgründen zu verweigern, sollte sich seiner Verantwortung bewusst sein, wenn er sich der Verteidigung einer freiheitlichen und demokratischen Ordnung versagt. (Dieses Problem ist durch

Barmherzigkeit, Solidarität und Subsidiarität gelehrt werden. Wie sonst sollen junge Menschen die komplexen und mitunter komplizierten Zusammenhänge der Fragen, wie „man Staat macht", verstehen lernen: Werte und Normen, grundgelegt in der Verfassung, gesellschaftlicher Zusammenhalt in guten und schlechten Zeiten: eine Art politischer Harmonielehre. Erst wer erfahren und gelernt hat, was schützenswert ist, kann den Sinn und die Notwendigkeit von Sicherheitspolitik verstehen.

Lebenskunde – Lebenshilfe für Soldaten

Die Militärseelsorger und andere qualifizierte Mittler bieten hier, unabhängig von militärischer Hierarchie und Befehlsgewalt, ihre Dienste an: sie begleiten die Truppe und sind für jeden Soldaten ansprechbar. Sie sensibilisieren die Soldaten im allgemeinen und die Vorgesetzten im besonderen für die moralische Verantwortung des militärischen Dienstes und gibt Anregungen bei Fragen nach Sinn, Schuld und Vergebung. Neben der eigentlichen und allgemeinen pastoralen Aufgabe, die freie Religionsausübung (Angebot von Gottesdiensten, Werkwochen und Wallfahrten, Beratungs- und Beichtgesprächen) in dem Bereich der Streitkräfte, dem er zugeordnet ist, sicherzustellen, vermittelt der Militärseelsorger Inhalte, „die für die Lebensführung des Menschen, seine Beziehung zur Umwelt und für die Ordnung des Zusammenlebens in der Gemeinschaft wesentlich sind." Mit solcher, vom Dienstherrn angesetzten

---

die Aussetzung der Allgemeinen Wehrpflicht z.Zt. nicht relevant.)

„Lebenskunde" fördert er die sittlichen, geistigen und seelischen Kräfte, „die mehr noch als fachliches Können den Wert des Soldaten bestimmen". Militärseelsorger reden damit einer anspruchsvollen soldatischen Ethik das Wort[26]; sie tragen dazu bei, dass der Soldat in die Lage versetzt wird, zu *sehen*, zu *werten* und zu *handeln*[27].

In diesem Zusammenhang ist es bedauerlich, dass im Weißbuch 2016 Militärseelsorge nicht vorkommt.

Menschenführung als Aufgabe – vom Menschenbild zum Vorbild

Das Grundgesetz räumt der Würde des Menschen höchsten Rang ein: *„Sie zu achten und zu schützen ist Verpflichtung aller staatlichen Gewalt"*, heißt es im Artikel 1 GG. Diese Vorgabe nimmt jeden Vorgesetzten in Pflicht. Die Führungskräfte orientieren sich in ihrem Führungsverhalten am Menschenbild des Grundgesetzes. Wer Menschen führen will, muss Menschen mögen! Dieser Satz fordert den militärischen Führer in besonderer Weise heraus. Mit Menschen umzugehen verlangt, den Mitmenschen anzunehmen, sich in ihn hineinzufühlen, auch, um hierarchische Hemmschwellen abzubauen und letztlich Vertrauen zu bilden.

Die alte Weisheit der Goldenen Regel: *„Behandle andere so, wie du es von ihnen erwartest!"* sollte auch als

---

[26] vgl. Lebenskundlicher Unterricht - Zentralrichtlinie A2-2530 „Lebenskundlicher Unterricht" -

[27] Im Bereich der Truppenführung heißt dieser Dreiklang: beschreiben, beurteilen, folgern , allgemein: analysieren, bewerten, entscheiden / erkennen, bedenken, entscheiden

Leitgedanke für wohlverstandene Menschenführung nicht oft genug wiederholt und variiert werden: *„Was Du nicht willst, das man dir tu', das füg' auch keinem andern zu!"* Zwei weitere Motive wirken sich konstruktiv aus: „Einer für alle, alle für einen" (Solidarität) oder das freundlich gemeinte „Wie du mir, so ich dir" (Sozialität). Wer diesen Satz jedoch destruktiv umdeutet, stört das menschliche Miteinander. Wer Negatives erlebt hat und fragt, warum es „seinen Untergebenen" anders gehen soll als ihm, hat die mit seinem Amt verbundene Macht nicht verdient und wird seiner Verantwortung nicht gerecht. Menschliches Führen verlangt menschliche Größe! Richtig verstandene menschliche Führung motiviert zum Engagement um der Sache willen – zum treuen Dienen – und verlangt in diesem Sinne Fachkompetenz und Leistung. Der Soldat soll Selbstdisziplin einüben und seine individuellen Leistungsgrenzen kennenlernen, also durchaus eine harte Ausbildung durchstehen, damit er in extremen und belastenden Situationen bestehen kann.

Der militärische Führer muss sich jederzeit seiner Vorbild-Rolle bewusst sein. Wer Vor-Bild sein will, muss Werte verkörpern, muss Beispiel sein und überzeugen. Er muss, auf den Punkt gebracht, vorleben, was der freiheitlich verfassten und demokratisch angelegten politischen Ordnung und dem durch sie geförderten Gemeinwohl dienlich ist.

Vorgesetzte in Verantwortung – soziale und andere Kompetenzen

Ein überzeugender Vorgesetzter fordert von den ihm anvertrauten Soldaten nicht mehr als von sich selbst. Er erträgt mit ihnen die Härten der Ausbildung und des Einsatzes und teilt mit ihnen Entbehrungen, wiewohl er bei guter Leistung und/oder Führung Lob und Anerkennung ausspricht. Durch ein gesundes Selbstbewusstsein sowie durch charakterstarkes, berechenbares Auftreten, durch soziale Kompetenz und emotionale Intelligenz erwirbt er personale Autorität: die Begabung, Menschen führen zu können[28], sie zu motivieren aber auch für sie zu sorgen, ist zunächst wichtiger als Fachwissen in Sachgebieten, das in Vorschriften und Erlassen nachgelesen werden kann. Er pflegt den kooperativen Führungsstil, delegiert Aufgaben an Mitarbeiter (weil er ihre Stärken und Schwächen kennt und ihr Vertrauen gewonnen hat) und leitet sie an, im Team zu arbeiten. Ein so qualifizierter Vorgesetzter ist offen für guten Rat und empfänglich für konstruktive Kritik. ‚Führen mit Auftrag' ist eine anspruchsvolle Führungskultur; sie setzt auf vielfältige Kompetenzen (Menschenkenntnis, Beurteilungsvermögen, Empathiefähigkeit ...) und setzt auf Vertrauen.

Um das persönliche Engagement zu würdigen, muss sowohl die Eignung für bestimmte Verwendungen als auch die Leistung jedes einzelnen Soldaten auf seinem Dienstposten nach objektiven Kriterien und

---

[28] Die zur Menschenführung erforderlichen Eigenschaften sollten bei der Personalauswahl, auf Laufbahnlehrgängen und vor allem im Truppenalltag beobachtet und erkannt werden

gerecht beurteilt werden, damit sich beide, Eignung und Leistung, in einem berechenbaren und damit nachvollziehbaren Fördersystem niederschlagen können. *Wer sich fordern lässt, soll auch gefördert werden.* Und noch etwas: Personalführung, konkret: Menschen zu beurteilen, ist eine sensible Angelegenheit. Wer Menschen beurteilt, spielt Schicksal und trägt ein hohes Maß an Verantwortung. Eine gewissenhaft verfasste Beurteilung, in der sich der Soldat wiedererkennt, ist eine *vertrauensbildende* Maßnahme.

Ein gerechter und menschlicher Führungsstil wirkt sich nachhaltig aus: auf die Geführten, die zu Kronzeugen werden, wenn sie in der Öffentlichkeit über ihren Dienst im allgemeinen und ihre Vorgesetzten im besonderen reden. Deshalb sollte jeder Vorgesetzte darauf bedacht sein, so zu führen, auszubilden und zu erziehen, dass die ihm anvertrauten Soldaten spüren, dass sie gebraucht werden und begreifen, warum und wofür sie dienen und dass sie tagtäglich anständig behandelt werden. Denn launische Vorgesetzte sind unberechenbar und verpesten das „Betriebsklima". Menschenfreundliches Führungsverhalten fördert den respektvollen Umgang miteinander und harmonisiert das Mitarbeiterverhalten (‚Mobbing' und ‚Bossing' haben in der Bundeswehr keinen Platz). So wird Innere Führung zu einer hohen Schule, die auf charakterliche Stärke setzt und geistige Kraft zu entfalten vermag.[29]

---

[29] vgl. HDv 100/1 Truppenführung (TF), Oktober 1962, Ziffer 64: „Truppenführung ist eine Kunst, eine auf Charakter, Können und geistiger Kraft beruhende freie, schöpferische Tätigkeit." (außer Kraft gesetzt und dennoch gültig!)

Der Auswahl von Vorgesetzten kommt große Bedeutung zu, liegt es doch gerade an ihnen, ihre Soldaten für den Dienst an der Gemeinschaft in Pflicht zu nehmen, ihnen die ethische Orientierung an den Werten des Grundgesetzes bewusst zu machen, sie historisch, politisch und kulturell (weiter) zu bilden, damit sie wissen, warum sie dienen und wofür sie (im Letzten) stehen. Vorgesetzte machen ihren Soldaten bewusst: Der Zweck allen soldatischen Dienens ist auf Frieden in Freiheit ausgerichtet: Frieden sichern – Frieden fördern! Oder anders: Menschenwürde schützen – Völkerrecht durchsetzen – Wohlfahrt verwirklichen. Die UNO-Charta scheint durch.

Führen mit Auftrag – verantwortetes Handeln in Freiheit

Es entspricht guter deutscher Militärtradition, dem Soldaten in seiner Rolle als Untergebener Freiheit im Handeln zu geben und damit verbunden auch die Verantwortung für sein Tun. Das Vertrauen, das Vorgesetzte schenken, indem sie nach diesem Prinzip führen, lässt den Auftragnehmer erfahren, dass er ernst genommen wird; er nimmt seinen Auftrag gleichsam auf Augenhöhe entgegen. Mit Aufträgen führen heißt also, nicht nur die Verantwortung für die gewährte Freiheit im Handeln zu übernehmen, sondern auch für das einzustehen, was dem nachgeordneten Bereich auszuführen aufgetragen wurde. Verantwortung ist unteilbar! Um aber solche Verantwortung übernehmen und tragen zu können, muss ein Soldat solide (aus-)gebildet sein. Führen mit Auftrag ist anspruchsvoll, ist Führungskunst auf hohem Niveau.

Wer aus Einsicht gehorchen will, darf die Sinnhaftigkeit und Notwendigkeit von Befehlen hinterfragen. Auftragsorientierter, mitdenkender Gehorsam verlangt und verträgt konstruktive Kritik. Die Freiheit, Aufträge in eigener Verantwortung ausführen zu dürfen – in vielen Armeen ist Auftragstaktik ein Fremdwort – fordert die ganze Person und fördert Kreativität. Der ‚Untergebene‘ wird zum ‚Subunternehmer‘, der vorgegebene Ziele nach eigenem Ermessen verfolgt. In diesem Zusammenhang sei angemerkt, dass auch hohe Truppenführer – die Generalität – sich als Untergebene erfahren, wenn sie von ‚der Politik‘ (Regierung und/oder Parlament) Aufträge erhalten. – Ohne gegenseitiges Vertrauen und ohne qualifizierende Ausbildung ist ‚Auftragstaktik‘ nicht denkbar. Freiheit und (die ihr „eingepreiste“) Verantwortung wiederum garantieren ein respektvolles Miteinander durch hierarchische Strukturen hindurch.

Selbstverständlich(!) muss der Auftraggeber auch hinreichende Mittel zur Verfügung stellen: Personal, Material, Zeit, Geld ... Und natürlich gilt es, den Auftrag mit den gegebenen Mitteln optimal auszuführen. Gerade im Dienstbetrieb in der Heimat gilt das Prinzip der Wirtschaftlichkeit. Die Prinzipien der sozialen Marktwirtschaft sollten auch für das Management in der Bundeswehr gelten. Allerdings: so bedeutsam wirtschaftliche und materielle Aspekte sein mögen, Menschen, auch wenn sie Uniform tragen, dürfen nicht zu „Kostenstellen mit zwei Ohren"[30] degradiert werden. – In Krise und Krieg, im Einsatz, kommt es nicht selten darauf an, schnelle und dennoch richtige Problemlösungen zu finden – das Improvisationstalent ist herausgefordert, wenn es darum geht, Mängel zu überbrücken. Der Satz: „Not macht erfinderisch" findet in schwieriger Lage seine Bestätigung. Jedes Führungshandeln hat am Menschen Maß zu nehmen, ist doch der oberste Zweck des Wehrdienstes der Schutz der Menschenwürde, die sich nur in Freiheit entfalten kann. Im übrigen soll sich der politische Auftraggeber stets bewusst sein, dass auch die Würde eines Soldaten unveräußerlich ist! So schließt sich der Kreis: Freiheit im Handeln hat etwas mit Menschenwürde, mit Vernunft und Mündigkeit zu tun.

Tradition als wertende Auswahl[31]

Das Grundgesetz der Bundesrepublik Deutschland, das mit dem Völkerrecht in Einklang steht (Art 25 GG), belegt, dass die Deutschen die nationalsozialistischen Perversionen bedauern (Reue) und die nachfolgenden Generationen vor ideologischen Irrwegen warnen (Vorsatz). Das friedliche Zusammenleben der Menschen wird vor allem durch die Grundwerte Freiheit, Gerechtigkeit und Solidarität gefördert – eine Art „politische Harmonielehre". Und – nicht zu

---

[30] Scharping, Rudolf, Bundesminister der Verteidigung a.D. in: Koblenzer Zeitung vom 14.02.2000

[31] Grundlegendes dazu im Traditionserlass 2018: Die Tradition der Bundeswehr – Richtlinien zum Traditionsverständnis und zur Traditionspflege

vergessen – zur Freiheit gehört Verantwortung, zur Gerechtigkeit Barmherzigkeit, zur Solidarität Subsidiarität – Erkenntnisse, die für einen freiheitlichen und sozialen Rechtsstaat unabdingbar sind.

Das Bewusstsein von Menschen gründet auf einer Fülle von Erfahrenem und Erlerntem. Der politisch denkende und handelnde Mensch kann sich in der Gegenwart bewähren, weil er Geschichte reflektiert und aus ihr gelernt hat. Ohne dieses Selbst-Bewusstsein könnte er nichts planvoll gestalten und bewegen. Dabei sollte ein Entscheider immer die alte Weisheit: „*Was auch immer du tust, tue es klug und bedenke das Ende*"[32] – diesen Imperativ aus der römischen Antike – bedenken. Denn für das, was ein Vorgesetzter heute entscheidet, muss er morgen geradestehen. Und für jeden Soldaten gilt: Für das, was er heute tut, soll er sich morgen nicht schämen müssen!

Das Selbstverständnis des Soldaten als Bürger in Uniform und das Rollenverständnis der Bundeswehr in Staat und Gesellschaft hätten sich nicht ohne den Bezug auf historische und politische Ereignisse entwickelt. So hilft die deutsche Militärgeschichte, Erkenntnisse zu gewinnen, die für die gegenwärtige Standortbestimmung und für eine künftige Richtungsweisung bedeutsam sein können – auch und gerade für die Traditionspflege.

Zu unterscheiden ist beispielsweise das vorbildliche Verhalten Einzelner in einer konkreten Situation (‚Momentaufnahme') oder die Bewährung einer Per-

---

[32] „Quidquid agis, prudenter agas et *respice finem*"

son/Institution über einen längeren Zeitraum und in verschiedenen Herausforderungen („Dokumentarfilm'). So beteiligten sich manche (gewissenhafte) Soldaten nicht an Nazi-Barbareien, weil sie das ‚System' durchschaut hatten. Die schuldhafte Verstrickung der militärischen Führung und schließlich der Missbrauch der Wehrmacht für die verbrecherischen Ziele des Nationalsozialismus verbieten eine unkritische und pauschale Übernahme von Traditionen der Wehrmacht.

Traditionswürdig!

Die Bundeswehr jedenfalls muss in der Auswahl ihrer Traditionen peinlich darauf achten (Lehre aus der Vergangenheit), dass sie nur solche Werte und Tugenden, Leitbilder und Vorbilder, Denkschulen und Konzeptionen übernimmt, die sich im Koordinatensystem aus Werten und Normen des Grundgesetzes vermessen lassen. Letztlich darf um der Glaubwürdigkeit willen nur tradiert werden, was vor dem Menschenbild des Grundgesetzes bestehen kann.

Tradition ist in diesem Sinne die Weitergabe der Flamme, nicht der Asche![33] In diesem Sinne hilft der

---

[33] - Thomas Morus (1477/78-1535): "Tradition ist nicht das Halten der Asche, sondern das Weitergeben der Flamme."
- Benjamin Franklin (1706-1790, amerik. Staatsmann): "Tradition heißt nicht, Asche zu bewachen, sondern die Glut anzufachen".
- Jean Jaurès (1859-1914, franz. Philosoph und Politiker): "Tradition ist nicht das Bewahren der Asche, sondern das Schüren der Flamme."

richtige Umgang mit Tradition, die geistige Verbindungslinie zwischen Herkunft und Zukunft zu zeichnen und die Gegenwart zu verstehen. Somit ist sie eine wesentliche Voraussetzung, belastende und gefährliche Lagen zu bestehen, was für eine Armee im Ganzen und für jeden einzelnen Soldaten von existenzieller Bedeutung ist. Tradition verpflichtet!

Was zu bedenken wäre: Um das Menschenbild des Grundgesetzes zu fördern, braucht es keinen „Bildersturm", kein Herumdoktern an Symptomen. Ein Stahlhelm[34] der Wehrmacht macht noch keinen Nazi.

Innere Führung hat Zukunft!

Die Bundeswehr hat sich in über sechs Jahrzehnten ihres Bestehens bewährt, hat sich hohes Ansehen und große Wertschätzung verschafft. Ihrem Selbstverständnis entsprechend sind Bundeswehrsoldaten überzeugte ‚Demokraten in Uniform'. Sie machen sich zu eigen und betrachten es als ihre Angelegenheit, was ihnen ihre Grundpflicht vorgibt: sie treten ein für die freiheitliche und demokratische Grundordnung, mehr noch: sie stehen mit ihrer ganzen Person vor der politischen Ordnung des Grundge-

---

- Gustav Mahler (1860-1911, deutscher Komponist): "Tradition ist die Weitergabe des Feuers und nicht die Anbetung der Asche."
- Ricarda Huch (1864-1947, deutsche Schriftstellerin): "Tradition ist Weiterreichen der Glut, nicht der kalten Asche." (http://forum.apostolisch.de/viewtopic.php?t=599)

[34] ... zumal dessen Urform aus dem WK I für heutige moderne Gefechtshelme als Vorlage gedient hat.

setzes, in der sie leben und in der sie dienen. In diesem Sinne sind sie wirkliche ‚Überzeugungstäter‘: Wir.Dienen.Deutschland.

Die Bundeswehr wird durch die Innere Führung demokratiefreundlich, sozialverträglich und staatstragend! Die mit dem Ende des Kalten Krieges erweiterten Aufgaben für die Bundeswehr bringen es mit sich, dass die Bundesrepublik als nunmehr souveräner Staat in die internationale Verantwortung für den Weltfrieden hineinwächst.

Auch wenn Bundeswehrsoldaten an Friedensmissionen der Vereinten Nationen teilnehmen, bleiben sie dennoch ‚Staatsbürger in Uniform‘ der Bundesrepublik Deutschland. Allerdings erweitern sich Horizont, Einsatzfelder und -regionen für Soldaten: sie lernen, über den Tellerrand hinauszusehen und werden in Lagen gestellt, die sowohl komplex als auch kompliziert und mitunter lebensgefährlich sind. Das verlangt, dass sie in Zusammenhängen und in vernetzten Strukturen (Comprehensive Approach) denken und handeln können; vor allem aber sollten sie wissen, was sie tun. Und sie sollen sich für ihr Tun oder Lassen nicht schämen müssen. Es ist höchst sinnvoll, einen Beitrag zur Stabilisierung des Friedens zu leisten, damit Menschen sich in Würde entfalten können. Mit ihrem Einsatz verschaffen sie zum einen dem Völkerrecht Geltung, zum andern dem Staat, der Bundeswehr und nicht zuletzt sich selbst Respekt. Und dazu wäre es hilfreich, wenn sich die Schere „Auftrag/Mittel“ endlich für die Bundeswehr schließen würde. Wer sich mit „Leib und Seele“ in den Dienst seines Landes stellt, wer bereit ist, äußerstenfalls Leben und Gesundheit einzusetzen, darf erwarten, dass er hinreichend ausgerüstet und ausgestattet wird.

DEKALOG organisierter Friedfertigkeit

  1   Vertrauen bilden
  2   Interessen ausgleichen*
  3   Bildung ermöglichen
  4   Menschenwürde schützen
  5   Völkerrecht durchsetzen
  6   Rechtssicherheit garantieren
  7   Demokratie verwirklichen
  8   Marktwirtschaft fördern
  9   Sozialstandards beachten
10   Umwelt schützen

=   Wohlfahrt verwirklichen

Die Ziele sind nicht nachrangig

* die zweite Aufzählung verlangt die Beachtung aller Imperative

Ethische Bildung für Soldaten
Lebenskundlicher Unterricht

Mit der neuen ZDv A2630/3 wird „Lebenskunde" aus ihrem Schattendasein herausgeholt und ins Licht des Truppenalltags gerückt. Seitdem sich die Bundeswehr zur Einsatzarmee transformiert, betont die militärische Führung den Wert einer spezifischen ethischen Bildung für Soldaten[1] und erkennt, wie hilfreich und notwendig es ist, *„einen Beitrag zur Förderung der sittlichen, geistigen und seelischen Kräfte zu leisten, die mehr noch als fachliches Können den Wert des Soldaten bestimmen."*[2]

Der Soldat ist vielfältig gefordert: als freie Person, mündiger Bürger, überzeugter Demokrat, verlässlicher Kamerad, schließlich als motivierter Soldat und – mancher obendrein – als vorbildlicher Vorgesetzter. Um sich diesem Ideal-Profil annähern zu können, bietet der Lebenskundliche Unterricht (LKU) Zeit und Raum zur Vermittlung von Themen, die den Soldaten in seiner besonderen Lage betreffen. Der Dienstherr löst mit dieser *Bildungsfürsorge* nunmehr im Bewusstsein seiner Verantwortung für die Truppe im allgemeinen und für jeden einzelnen Soldaten im besonderen seine Bringschuld ein, indem er *für alle Soldaten* Lebenskunde verbindlich macht und

---

[1] Zugunsten der Lesefreundlichkeit wird darauf verzichtet, weibliche Personalbegriffe zu nennen; sie sind selbstverständlich mitbedacht.
[2] ZDv 66/2 – Vorläufer der ZDv 10/4 jetzt ZDv A2620/3 Mitunter gehen Wissen/Erfahrung/Weisheit beim Neufassen/Überarbeiten einer Vorschrift „verschütt".

auf den Dienstplan setzt. Nach der seit 2018 geltenden Vorschrift leistet der LKU „*... einen Beitrag zur weiteren Entwicklung der Persönlichkeit der Soldaten, indem er die ethische Bildung und Werteorientierung fördert, die wichtige Ziele der Inneren Führung sind. .... Er dient der Sinnvermittlung und befähigt die Soldaten, die ethische Dimension ihres Tuns zu bedenken und zu bewerten und ihr Handeln danach auszurichten.*"[3]

Bei jungen Soldaten kann, so meint der Beauftragte für Erziehung und Ausbildung des Generalinspekteurs der Bundeswehr (BeaGenInsp), nicht vorausgesetzt werden, dass sie wissen, was richtig oder falsch ist, was „man" tut oder unterlässt, „*welchen Werten wir verpflichtet sind und welche Tragkraft oder Bindungswirkung sie in Zeiten globaler Unsicherheiten entfalten.*"[4] Für gewissenhafte Soldaten ist es daher wichtig, hilfreiche Antworten auf das Warum und Wofür ihres Dienstes zu bekommen. Denn der Umgang mit Waffen und das Handeln in die Gefahr hinein (Tapferkeit) verlangen ein waches Gewissen und starken Mut. Im LKU werden sowohl Themen aus der persönlichen Lebens- und Erfahrungswelt (junger) Soldaten als auch schwerwiegende und tiefgründige Fragen nach dem Sinn ihres Tuns[5] erörtert: was steht hinter dem Auftrag der Soldaten, für welches (höhere?) Ziel riskieren sie äußerstenfalls ihr Leben, mit welchen Methoden und Mitteln dürfen sie – vor dem Hinter-

---

[3] ZDv A2620/3

[4] Thomas R. Elßner in Kompass 09/19, Zeitschrift des Katholischen Militärbischofs, Seite 17, Zitat Robert Sieger.

[5] Ist der Auftrag politisch notwendig, rechtlich zulässig, ethisch gerechtfertigt und militärisch sinnvoll?

grund politischer Vorgaben, rechtlicher Grundlagen und ethischer Auflagen – Befehle durchsetzen? Der LKU dient also der Sinnvermittlung, indem er dazu beiträgt, Soldaten in die Lage zu versetzen, dass sie die Wirklichkeit *sehen* (wie sie ist), sie gewissenhaft be*werten* und verantwortungsbewusst *handeln* können.

Bei der ethischen Bildung geht es in einer Art Fruchtfolge um *Wertebindung, Gewissenbildung* und verantwortungsbewusste *Lebensführung.*

Wertebindung[6]

Die Bundesrepublik Deutschland, der die Soldaten per Eid und Gelöbnis verpflichtet sind, wird von Werten bestimmt, die sowohl der Gesellschaft als auch jedem einzelnen Mitglied ein Leben in Sicherheit und Frieden (Wohlfahrt) ermöglichen. Die mit dem Grundgesetz vorgegebene politische Ordnung ist zwar weltanschaulich neutral, jedoch nicht wertfrei; sie bildet das geistige Fundament, um aus einer neutralen Gesellschaft frei und friedlich eine wertorientierte Gemeinschaft zu bilden und weiter zu entwickeln. Die gemeinschaftsbildenden und fördernden Grundwerte kann der Staat allerdings nicht

---

[6] Wertevermittlung: Der Hirnforscher, Manfred Spitzer (Lernen – Gehirnforschung und die Schule des Lebens, Springer-Verlag Berlin Heidelberg 2007, S. 438 f) vertritt die Auffassung, dass sich Werte nicht durch Belehrung, sondern durch Beispiele vermitteln lassen. Das Lernen durch Beispiel erfolge auf verschiedenen Ebenen, orientiere sich am vom Lernenden gesetzten Prioritäten. Ethik im Sinne einer Reflexion auf Prinzipien von Handlungen würde erst mit einem einigermaßen entwickelten Abstraktionsvermögen betrieben werden können; Wertevermittlung liefe bis ins dritte Lebensjahrzehnt ab.

aus sich selbst heraus erzeugen[7], wohl aber für sich als bindend[8] und verpflichtend (an)erkennen, um daraus Regeln für das Zusammenleben von Bürgern (mit ihren je unterschiedlichen Interessen) zu verfassen. Die Grundwerte, die in der Verfassung verankert sind, bilden die ideelle Mitte der Gesellschaft. Alle staatlichen Organe, welche die drei Gewalten Legislative, Exekutive und Judikative ausüben, haben sich an diesen Werten nicht nur zu orientieren; vielmehr sind sie darüber hinaus verpflichtet, alles zu ihrem Schutz und zu ihrer ungestörten Entfaltung zu tun.

Grundwerte sind abstrakte Begriffe der politischen Ethik; sie sind gleichsam die geistigen Wurzeln der Verfassung und gehen als Grundrechte und -pflichten auf. Ihre Früchte lassen sich am Ergebnis politischen Bemühens von Regierung und Parlament, aber auch und vor allem im mitmenschlichen Umgang (Konkretisierung) erkennen. Grundwerte verpflichten die demokratisch verfasste Gesellschaft implizit zu einem kontinuierlichen Verbesserungsprozess; denn nichts ist so gut, als dass es nicht noch verbessert werden könnte.

Soldaten dienen mit ihrer ganzen Person dem Staat und sind nach dem Soldatengesetz dazu bestimmt, für die freiheitliche und demokratische Grundord-

---

[7] Böckenförde, Ernst-Wolfgang: „Der freiheitliche säkularisierte Staat lebt von Voraussetzungen, die er selbst nicht garantieren kann." (Festschrift für Carlo Schmitt 1967)
[8] ... im Sinne eines übergeordneten Bezugs (tertium comparationis)

nung einzutreten.[9] Deshalb sollen sie wissen, an welche Werte sie sich gebunden fühlen, welchem höheren Ziel sie dienen und sich zudem bewusst werden, dass sie dafür „Leib und Leben" riskieren.

Freiheit & Verantwortung, *Gerechtigkeit* & Barmherzigkeit, *Solidarität* & Subsidiarität sind Werte, „die für das Zusammenleben der Menschen in einer freiheitlichen und demokratischen Ordnung unabdingbar sind; sie müssen jeder Generation neu vermittelt, von ihr verstanden und verinnerlicht werden, damit sie nachhaltig wirken können.[10] Grundwerte sind Errungenschaften, die sich im Laufe der Kultur- und Geistesgeschichte des christlichen Abendlandes, oft unter Mühe und Opfer herausgebildet haben und schließlich „als Recht" erkannt wurden; sie sind es wert, verteidigt zu werden, dafür zu kämpfen und – äußerstenfalls – sein Leben einzusetzen."[11]

Freiheit & Verantwortung

„Freiheit ist die Befugnis des Menschen, alles zu tun, was keinem anderen schadet. Sie hat als Grundsatz die Natur, als Regel die Gerechtigkeit und als Schutz das Gesetz"[12]. Das Recht, seine Freiheit auszuüben, ist eine von der Menschenwürde untrennbare Forderung. Freiheit bedeutet also nicht, dass Menschen tun können, was sie wollen; vielmehr findet sie da ihre Grenzen, wo

---

[9] vgl. SG § 8

[10] vgl. KMBA-Broschüre: Innere Führung und Lebenskundlicher Unterricht – Kontinuität und Wandel, 2009, Seite 20f, insbesondere 6. Aufzählung

[11] Sonderheft Militärseelsorge 2007, Seite22

[12] Art 4 der Verfassung der Französischen Republik von 1793

die Willkür beginnt. Wäre alles erlaubt, würde sich der Stärkere jedes Recht nehmen. Allein das Menschen-Mögliche darf nie Maßstab für das Zusammenleben sein; die Menschen-Würde bliebe auf der Strecke. Hemmungslose Freiheit setzte sich über alles hinweg, über andere Menschen und deren Rechte, auch über die Menschlichkeit. Ohne sittliche Bindung herrschte Angst und Terror, Anarchie und Chaos, das Faustrecht würde zur Norm ...

„Durch seine Freiheit soll der Mensch in Wahrheit und Güte wachsen."[13] Der Mensch ist Herr seiner Taten; er kann sich frei für die Wahrheit und das Gute entscheiden und sich so mit Anstand selbst verwirklichen. Er soll werden können, was er soll, indem er Gott und den Nächsten wie sich selbst liebt[14]. An diese Goldene Regel[15] soll er sich halten und sie zu seinem kategorischen Imperativ erheben.[16] So wird Zivilität generiert.

Freiheit muss also sittlich verantwortet sein. Und dazu sind Maßstäbe notwendig, die von jedem einzelnen verinnerlicht (Haltung/Tugend) und von der Gemeinschaft als *wert*voll und *norm*stiftend anerkannt werden.

Eine freie Gesellschaft wird in dem Maße, wie sich ihre Bürger auf das sie Verbindende besinnen und es wertschätzen, zu einer wertgebundenen Gemeinschaft. Mit dem Grundgesetz hat sich die Bundesre-

---

[13] Katechismus der Katholischen Kirche (KKK) 1747
[14] KKK 1731
[15] „Was ihr von andern erwartet, das tut auch ihnen!" Mt 7,12
[16] Immanuel Kant variiert mit seinem kategorischen Imperativ „Die Goldene Regel"; sie wäre Anker eines Welt(friedens)ethos

50

publik Deutschland eine tragfähige und belastbare Ordnung geschaffen, die einerseits der Forderung nach Freiheit gerecht wird und anderseits die Spannung, die eine um des geregelten Zusammenlebens willen gebundene Freiheit auslöst, einsichtig und erträglich macht: *„Das Grundgesetz ist eine wertgebundene Ordnung, die den Schutz von Freiheit und Menschenwürde als den obersten Zweck allen Rechts erkennt; sein Menschenbild ist nicht das eines selbstherrlichen Individuums, sondern das der in der Gemeinschaft stehenden und ihr vielfältig verpflichteten Persönlichkeit."*[17]

Gerechtigkeit & Barmherzigkeit

„Gerechtigkeit gibt jedem das Seine, maßt sich nichts Fremdes an und setzt den eigenen Nutzen zurück, wenn es um das Wohl des Ganzen geht."[18] Gerechtigkeit zwischen Menschen fordert, „die Rechte eines jeden zu achten und in den menschlichen Beziehungen jene Harmonie herzustellen, welche die Rechtschaffenheit gegenüber den Personen und dem Gemeinwohl fördert."[19] Gerechtigkeit hat zwei Dimensionen:

Die *austeilende* Gerechtigkeit[20] besteht in der Bereitschaft der *Gemeinschaft* oder ihrer Führung, jedem einzelnen/der Teilgemeinschaft das an Gütern und Lasten zukommen zu lassen, was ihm/ihr zusteht. Vorteile und Lasten werden dadurch gerecht verteilt, dass objektiv-sachliche Kriterien (Verdienst, Bedürftigkeit, Leistung, Fähigkeit usw.) als Maßstab heran-

---

[17] BVerfG 12,45,51
[18] Kirchenvater Ambrosius von Mailand (339-397)
[19] KKK 1807
[20] iustitia distributiva; vgl. Aristoteles, Nik. Eth. V 5

gezogen werden. Dabei ist das Wohl des einzelnen oder der Teilgemeinschaft (direkt) ebenso im Blick wie das Gemeinwohl (indirekt).

Die *ausgleichende* Gerechtigkeit[21] (Verkehrsgerechtigkeit) wirkt durch die tatkräftige Bereitschaft des *einzelnen* (oder auch einer Gruppe), (einem) *anderen* (oder auch einer Gruppe) das Zustehende zu gewähren. Einer Leistung soll eine Gegenleistung entsprechen – und umgekehrt. Ausgleichende Gerechtigkeit beruht auf gegenseitigem Vertrauen, dass keiner sich etwas anmaßt, was ihm nicht zusteht. Auch hier geht es sowohl um das Wohl des Einzelnen als auch um das Gemeinwohl.

Als objektiver Maßstab („Kennzeichen") für die (Rechts-) Ordnung einer Gesellschaft gilt: Das Prinzip der *Gleichheit* aller Menschen betrifft die Würde der Person und die sich daraus ergebenden Rechte (gleiches Recht für alle). Menschen haben die gleiche Natur und den gleichen Ursprung und die gleiche vernunftbegabte Seele. Durch Veranlagung und Umwelt kommen jedoch Unterschiede zum Vorschein, die mit dem Alter, der körperlichen Kondition, den geistigen und sittlichen Anlagen, den im Wettbewerb gewonnenen Vorteilen oder mit ererbten oder erworbenen Reichtümern zusammenhängen. Nach dem Prinzip der *Billigkeit* werden im Rechtsstaat (vor Gericht) die jeweiligen (besonderen) Umstände im konkreten Fall berücksichtigt. Das Prinzip der *Zweckmäßigkeit* verlangt, dass sich alles staatliche Handeln an den Werten und Normen einer Gesellschaft orientiert. Schließlich garantiert das

---

[21] iustitia commutativa; vgl. Aristoteles, Nik. Eth. V 5, 1130 b

52

Prinzip der *Rechtssicherheit* Berechenbarkeit und Verlässlichkeit der Rechtsprechung, den Schutz der Person und des Eigentums.[22]

Ungerechte Unterschiede verletzen die *gleiche Würde der Menschen,* die für alle humane und gerechte Lebensbedingungen verlangt. Ungerechte Umstände sind ein Ärgernis und stören den gesellschaftlichen und den internationalen Frieden.

B(W)armherzigkeit ist angewandte Nächstenliebe. Sie soll dort greifen, wo Menschen unverschuldet in Not geraten sind, sei es materiell (Armut) oder leiblich (Krankheit, Behinderung). Wer sich selbst nicht helfen kann, dem muss geholfen werden.[23]

Barmherzigkeit gesellt sich zur Gerechtigkeit als Ausdruck der (Nächsten-)Liebe, die ihrerseits der Wurzelboden der Gerechtigkeit ist. Die Erfahrung lehrt, „dass die Gerechtigkeit allein nicht genügt, ja, zur Verneinung und Vernichtung ihrer selbst führen kann, wenn nicht einer tieferen Kraft – der Liebe – die Möglichkeit geboten wird, das menschliche Leben in seinen verschiedenen Beziehungen zu prägen"[24]

---

[22] Jung, Wolfgang: Grundbegriffe aus Politik, Gesellschaft, WirtschaftFrankfurt am Main, ISBN3-454-54500-5, Seite 112

[23] Als Komplementärwert zur Barmherzigkeit zeigt sich Gerechtigkeit ihrem Wesen nach als streng und unbestechlich. Barmherzigkeit ist gerade und vor allem dann geboten, wenn Gerechtigkeit durch menschliche Härte pervertiert und in soziale Kälte umzukippen droht.

[24] Enzyklika: Dives in Misericordia, 12,14

Solidarität & Subsidiarität

„Die <u>*Solidarität*</u> *ist eine vorzüglich christliche Tugend. Sie drängt dazu, die materiellen und ganz besonders die geistigen Güter zu teilen.*"[25] Mensch und Gemeinschaft sind ihrem Wesen nach verbunden und daher sittlich füreinander verantwortlich. Dieses Prinzip ergibt sich aus der Forderung nach Geschwisterlichkeit („soziale Liebe"), die sich zunächst in der Güterverteilung und Entlohnung der Arbeit zeigt. Schließlich geht es auch um eine gerechte(re) Gesellschaftsordnung (ein Dauerauftrag, der Verf.), in der Konflikte friedlich gelöst und Interessen zivilisiert ausgeglichen werden.

Das Gebot zur *Subsidiarität* fordert, dass eine übergeordnete Gesellschaft nicht so in die inneren Angelegenheiten einer untergeordneten Gruppe eingreifen darf, dass sie diese ihrer Kompetenzen[26] beraubt; im Notfall soll sie ihr helfen, ihr eigenes Bemühen mit anderen Gruppen im Hinblick auf das Gemeinwohl abzustimmen.[27]

Unter *Gemeinwohl* sind alle Bedingungen des Zusammenlebens zu verstehen, „die es sowohl Gruppen als auch deren einzelnen Gliedern ermöglicht, die eigene Vollendung voller und leichter zu erreichen."[28] Alle sollen an der Förderung des Gemeinwohls mitwirken. Indem sich der Mensch seinem Vermögen (Fähigkeiten und Neigungen) entsprechend engagiert und persönlich Verantwortung

---

[25] KKK 1948

[26] ... ihrer Verantwortung und ihrer (freien) Entfaltungsmöglichkeiten, der Verf.)

[27] Enzyklika: Centesimus Annus 48

[28] GS 26,1

übernimmt, bestätigt er seine Menschenwürde.[29] Schließlich ist es vornehme und vorrangige staatliche Aufgabe, das Gemeinwohl zu organisieren, d.h. konkret, die Grundrechte zu achten und zu schützen, die geistigen und materiellen Güter zu hegen, damit sich die Bürger in Würde – in Frieden und Sicherheit – frei entfalten können.

Das Gemeinwohl betrifft das Leben aller! Es wird getragen von Mitmenschlichkeit (Achtung vor der Person, Menschenwürde), Gerechtigkeit (Gleichheit vor dem Gesetz, freie Entfaltung des Einzelnen wie der Gesellschaft) und Friedfertigkeit (respektvoller Umgang, gegenseitiges Vertrauen, sicheres Umfeld).

Der Dienst des Soldaten für das Gemeinwohl

Sicherheit zu garantieren und Frieden zu sichern sind zunächst vorrangige und vornehme Aufgaben eines jeden Gemeinwesens (Subsidiarität: Selbsthilfe durch Polizei und Armee) und, wenn es allein dazu nicht in der Lage ist, Verpflichtung der internationalen Gemeinschaft (Solidarität: Beitritt zu Bündnissen und übernationalen Organisationen).

Freiheit, Gerechtigkeit und Solidarität nicht nur lokal, sondern auch regional und global zu fördern, ist Imperativ christlicher Friedensethik, gleichsam eine „ethische Harmonielehre" für das Zusammenleben der Völker. Frieden bedeutet in entwickelten Staaten längst nicht mehr nur Abwesenheit von Krieg. Die Organisation friedlichen Zusammenlebens in Freiheit fordert vielmehr alle „Menschen guten Willens"

---

[29] KKK 1913-1914

zu einem Dauerauftrag heraus, Grundbedingungen für ein Leben in Wohlfahrt für alle Menschen zu schaffen. Wohlfahrt wiederum ist das Ergebnis von Leben und Wirken in einem freien, sozialen und auf Nachhaltigkeit ausgerichteten Wirtschaftssystem in Verbindung mit *sicherheitspolitischer Vorsicht und friedenspolitischer Weitsicht.* Ein umfassender Friedensbegriff geht davon aus, dass das *Völkerrecht durchgesetzt, die Menschenwürde geschützt und Wohlfahrt/Gemeinwohl verwirklicht* werden.[30] Ein aufgeklärter, wohlinformierter Soldat, zumal der ‚Staatsbürger in Uniform' orientiert sich am Ideal, das in einem Konzilsdokument des II. Vaticanums steht: *„Wer als Soldat im Dienst des Vaterlandes steht, betrachte sich als Diener der Sicherheit und Freiheit der Völker. Indem er diese Aufgabe recht erfüllt, trägt er wahrhaft zur Sicherung des Friedens bei."*[31]

Gewissensbildung

Das Gewissen versetzt den Menschen in die Lage, nach seiner Vernunft zu erkennen und zu bewerten, ob eine bestimmte Tat gut oder schlecht ist.[32] Als „Mitte der personalen Existenz" wacht das Gewissen über die „grundlegende Übereinstimmung des Menschen mit sich selbst. Im Gewissen erfährt sich der einzelne Mensch selbst als unmittelbar und unvertretbar Betroffener unter den unbedingten Anspruch des Guten gestellt; es bestimmt ihn zu einer

---

[30] vgl. Gerechter Friede, 2000
[31] Pastoralkonstitution Gaudium et Spes, GS 79, Man beachte: „Völker" steht im Plural
[32] vgl. KKK 1796

„ethischen Existenz" und achtet auf seine personale Integrität.[33]

Durch erlerntes und verinnerlichtes Wissen (Bildung) und durch das Urteilsvermögen, das als Gewissen im Innersten des Menschen wirkt, kommt der Mensch zu Einsichten und Entscheidungen, mit denen er sich selbst versichert und sein Leben steuert und verantwortet. So kann er sowohl Sachverhalte als auch die Zeichen der Zeit durch Klugheit und den guten Rat anderer einschätzen und Schlüsse daraus ziehen. Die objektiven Normen der Sittlichkeit regen das Gewissen zum rechten Handeln an. (Dem Gewissen zu folgen, macht frei und zufrieden.)

Ein gewissenhaft handelnder Mensch ist sich der Folgen seiner Tat bewusst; er handelt *nach bestem Wissen und Gewissen.* Würde er sich gegen seine innere Einsicht entscheiden, verurteilte (belöge) er sich selbst. Der LKU verfolgt das Ziel, das Gewissen zu schärfen, es sensibel und kreativ zu halten, *„die moralische Urteilsfähigkeit der Soldaten zu verbessern und ihre Handlungssicherheit zu erhöhen".* Dazu gehört auch, die Fähigkeit einzuüben, miteinander problematische Lagen zu erörtern und Dilemmata zu erkennen.[34]

Lebensführung

Jeder Mensch ist zunächst für sich selbst verantwortlich. Für ein gelingendes Leben helfen ihm erworbene, in langer Tradition gebildete und immer wieder verifizierte (An-)Gebote wie der Dekalog und die

---

[33] Kompass 05/07: Dr. Matthias Gillner, S. 20
[34] ZDv A2620/3, Ziffer 102 / 103

Goldene Regel, die auch den Grundrechtekatalog des Grundgesetzes durchdringen, das nach den Irrungen und Wirrungen des Nationalsozialismus und eines verheerenden und verlorenen Krieges „im Bewusstsein seiner Verantwortung vor Gott und den Menschen" verfasst wurde. So geht Vergangenheitsbewältigung als politischer Bußprozess[35]. Durch ‚Life-long-learning' erwirbt er sich Lebensführungskompetenz. Christliche Ethik kann als eine spezifische Form von KVP (Kontinuierliches Verbesserungsprogramm) verstanden werden, als ständiges Arbeiten an sich selbst: Selbstoptimierung im guten Sinn.

Gleich der erste Artikel des Grundgesetzes stellt die *Menschenwürde* unter den besonderen Schutz des Staates. Kein Staatsziel übertrifft die Verpflichtung auf den Schutz der Menschenwürde; jede politische Entscheidung, jedes militärische Handeln muss sich an ihr messen lassen!

Soldatische Tugenden helfen, das Leben (im Truppenalltag und im Einsatz) zu meistern. Tugenden[36] sind beständige, feste Neigungen, das Gute zu tun. Sie ermöglichen es dem Menschen, nicht nur gute Taten zu vollbringen, sondern sein Bestes zu geben.[37]

---

[35] Versöhnung entlastet die Seele, Buße reinigt und erneuert. Reue ent-schuldet und macht selbstkritisch-demütig. Gute Vorsätze sind wie Schwingen, die in die Zukunft tragen. (der Verf.)
[36] Tugenden schützen und fördern Werte; sie sind kein Selbstzweck!
[37] KKK 1803

Moralisch integre Soldaten kultivieren spezielle Tugenden, die sie im Truppenalltag, aber auch im Einsatz auszeichnen:

- *Tapferkeit* als Bereitschaft, in die Gefahr hinein zu handeln und als Mut, den es braucht, Angst zu überwinden
- *Ritterlichkeit* als Fairness und Respekt gegenüber Freund und Feind
- *Pflichtbewusstsein* als Engagement im Dienst der Sache (des Auftrags)
- *Gehorsam* als Gefolgschaft aus Einsicht in die Sinnhaftigkeit und Notwendigkeit eines Auftrages
- *Treue* als Verlässlichkeit gegenüber Vorgesetzten und Kameraden
- *Klugheit* als Besonnenheit, mit aufgeklärter (wohlinformierter) Sicht menschenfreundlich zu führen, kameradschaftlich miteinander umzugehen und Aufträge optimal zu erledigen
- *Demut* als Bescheidenheit und Ausdruck einer inneren Haltung, die sich im Auftreten, in Äußerungen sowie im Äußeren spiegelt

Ethische Bildung ist geboten!

LKU ist eine verpflichtende Qualifizierung für alle Soldaten, die kontinuierlich darauf vorbereitet werden sollen, dass sie ihr Leben bewusst und eigenverantwortlich führen können. Um schwierige Situationen zu meistern, setzen sie sich mit existentiellen Fragen auseinander. Soldaten als Vorgesetzte sind für die ihnen anvertrauten Soldaten verantwortlich;

durch Befehle üben sie Macht über andere aus und entscheiden u.U. über deren Leib und Leben.[38] Verantwortungsbewusste Vorgesetzte setzen sich für die ethische Bildung ihrer Soldaten ein. Die im LKU vermittelten Inhalte tragen dazu bei, dass Soldaten richtige Entscheidungen treffen können. Wer guten Gewissens Aufträge übernehmen und durchführen kann, wird mit der Last der Verantwortung leben können, und wer bestimmte Situationen im Vorhinein durchdacht hat, gewinnt im Nebel der Ungewissheit mancher Lage einen schnelleren Durchblick. Er kann zügiger strukturieren und besser beurteilen, ob ein Auftrag *ethisch gerechtfertigt* ist. Auf der Grundlage seiner bis dato erworbenen *politischen Bildung*, mit seinem *Rechtsempfinden* (durch im Unterricht angereichertes Wissen im Wehr- und Humanitären Völkerrecht) und seinem *militärischen Fachwissen* kann er nach bestem Wissen und Gewissen urteilen und – auch in eine Gefahr hinein (Tapferkeit) – handeln. Schließlich kann ethische Bildung helfen, traumatische Erlebnisse besser zu verarbeiten und mit Schuld umzugehen.

Für Soldaten, Vorgesetzte zumal, ist es wichtig, dass sie militärethische Grundsätze verinnerlicht sowie Kenntnisse der eigenen und fremder Weltanschauungen im allgemeinen und deren Menschenbildern im besonderen haben. Wer über ethische und interkulturelle Kompetenz[39] verfügt, kann sich auf

---

[38] vgl. Wolfgang Borchert: „Draußen vor der Tür"
[39] Unter ethischer Kompetenz ist die Befähigung des Soldaten zu verstehen, sich selbstbestimmt an den Werten und Normen des Grundgesetzes zu orientieren und sie zur Richtschnur für

dieser Grundlage selbst vergewissern und sich seines Standpunkts versichern, in dem von ihm verinnerlichten *Koordinatensystem von Werten und Normen* sich selbst verorten und schließlich in schwierigen Lagen verantwortungsbewusst handeln.

Dass sich Soldaten an ethischen Grundsätzen orientieren und ihr Handeln danach ausrichten, kann nicht befohlen, sondern bestenfalls zur Orientierung empfohlen werden. Dies verlangt eine spezifische Art von Selbst-Optimierung als offenen, lebenslang andauernden Prozess des Werdens der Persönlichkeit, ein ständiges Navigieren und Korrigieren. Durch den LKU können allerdings entscheidende Impulse gesetzt werden.

Die *Militärseelsorge* sieht in der ethischen Bildung der Soldaten eine unverzichtbare Aufgabe. Daher unterstützt sie das Anliegen des Staates, für die Bundeswehr LKU anzubieten: Legitimität militärischer Gewaltanwendung, Grenzen des Gehorsams, Fragen nach der Bedeutung ethischer Grundhaltungen (Tugenden), aus denen verantwortliches und moralisch richtiges Handeln erwächst, sind wichtige Themenfelder des Unterrichts.[40]

Wissen nachhaltig vermitteln

Die Themen sind philosophischer und theologischer Natur. Sie sollten didaktisch und methodisch gut

---

das Handeln als verantortungsbewußter ‚Staatsbürger in Uniform' zu machen. (vgl. ZDv A2620/3, Ziffer 106)
[40] vgl. KMBA-Broschüre, Fußnote 7, Seite 20

aufbereitet werden, damit der LKU zu nachhaltigem Lernen führt.

Dazu mögen folgende Hinweise dienen[41]:

Kompetente Seelsorger / Pädagogen sollten

- ein lernfreudiges und vertrauensvolles Unterrichtsklima erzeugen und fördern
- auf die Lerngruppe (Individuen) eingehen,
- die Lernzeit intensiv nutzen,
- durch klare Strukturierung des Unterrichts den Lernprozess fördern,
- Lerninhalte methodisch geschickt vermitteln und die Lernatmosphäre beleben und auflockern,
- sinnstiftende Unterrichtsgespräche führen
- klare Erwartungen und Leistungskontrollen vorgeben

Eine Differenzierung der Themen nach spezifischen Ausbildungsarten ist hilfreich: Grundausbildung, Laufbahnlehrgänge, Einsatzausbildung.[42] So wird sichergestellt, dass gerade jüngere Soldaten beim Aufbau ihrer Karriere Grundlegendes und Aktualisiertes erfahren.

Um einen Standard bei der Vermittlung von Inhalten in Methodik und Didaktik einzuhalten, empfiehlt sich ein Vorgehen in vier Schritten: (1) Impuls/ Grundlagen, (2) Betroffenheit/Sitz im Leben, (3) Erwartungen/Reaktion, (4) Konsequenzen/Anwen-

---

[41] vgl. Anlage 4 zur AusbHilfe zur ZDv 10/4 (außer Kraft)

[42] vgl. Anlage 1 zur AusbHilfe zur ZDv 10/4 (außer Kraft)

dung[43]. Das Curriculum mit den Themen, anhand derer ethische Kompetenz vermittelt werden soll, berücksichtigt die besondere Situation der Soldaten, die Zusammensetzung der Lerngruppen und den Bezug zu konkreten Herausforderungen des Truppenalltags (Kaserne, Übungsplatz, Einsatz).

Grundsätze soldatischer Ethik[44]

1 – *Kenne Deine Befugnisse und ihre Grenzen.*
Sehe sie immer im Zusammenhang mit Deinem Auftrag.

2 – *Erwäge, was Du mit Deiner Handlung bewirkst* und bedenke das Ende: ist sie gerechtfertigt oder musst Du Dich ihrer schämen?

3 – *Beachte das Gebot zur Verhältnismäßigkeit.*
Bedenke, dass Deine Handlungen andere(s) nur so viel wie nötig beeinträchtigen oder (zer-) stören.

4 – *Halte Dich an die Goldene Regel:*
„Behandle andere so, wie Du auch von ihnen behandelt werden möchtest." oder: „Was Ihr von andern erwartet, das tut auch ihnen."

5 – *Sei also ein Beispiel in Haltung und Pflichterfüllung,* denn Deine Handlungen werden von anderen beobachtet und unter Umständen medial verbreitet.

Diese ethischen Normen gelten erst recht für Vorgesetzte! Denn für das, was ein Vorgesetzter heute entscheidet, muss er morgen geradestehen.

---

[43] ebda
[44] ebda, vgl. Anlage 5

„Was immer wahrhaft, edel, recht, was lauter, liebenswert, ansprechend ist, was Tugend heißt und lobenswert ist, darauf seid bedacht.“[45]

Und Friede auf Erden
den Menschen guten Willens. (Lk 2,14)

Im Bewußtsein seiner Verantwortung
vor Gott und den Menschen,
von dem Willen beseelt,
als gleichberechtigtes Glied in einem vereinten Europa
dem Frieden der Welt zu dienen,
hat sich das Deutsche Volk
kraft seiner verfassungsgebenden Gewalt
dieses Grundgesetz gegeben.

Präamabel zum Grundgesetz der Bundesrepublik Deutschland

---

[45] Die Bibel, Phil 4,8

Dem Frieden verpflichtet –
Positionen zum Selbstverständnis von Christen in der Bundeswehr*

Wir sind Christen, die in gewissenhaftem Gehorsam vor Gott und den Menschen ja sagen zum Leben in Freiheit, das nur im Frieden gedeihen und blühen kann und in dem Menschen sich in Würde entfalten können.

Wir halten den Frieden in Freiheit für ein so hohes Gut, dass wir unsere ganze Kraft einbringen und äußerstenfalls Leib und Leben einsetzen, um diesem Frieden zu dienen. Wir sind der Verteidigung der Freiheit und der Sicherung des Friedens verpflichtet.

Wir spüren die Spannung zwischen dem von Gott geschenkten und einem von Menschen organisierten Frieden. Wir wollen unseren Beitrag leisten, dass sich Anspruch und Wirklichkeit annähern: Dein Reich komme!

Wir sehen unseren Auftrag, unsere Macht und Verantwortung im Einklang mit christlichen Werten und Tugenden und machen uns bewusst, dass Soldaten für das, was sie heute entscheiden, morgen geradestehen müssen.

Wir betrachten nicht nur die auf unseren Beruf bezogene Verteidigungspolitik für sich alleine, sondern als Teil einer ganzheitlichen Sicherheitspolitik.

Wir gehen davon aus, dass unsere Regierung sicherheitspolitisch vor-sichtig und friedenspolitisch weit-sichtig handelt.

Wir geben zu bedenken, dass sich das Selbstverständnis der Soldaten in den verschiedenen Armeen der Welt auf unterschiedliche oder gar gegensätzliche ethische Überzeugungen beziehen kann und dass Soldat nicht gleich Soldat ist.

Wir geben Antwort auf die Frage, warum wir glauben, dass Christen Soldaten und Soldaten Christen sein können.

Als Soldaten der Bundeswehr ...

- orientieren wir uns an christlichen Idealen und besinnen uns auf die Goldene Regel: Was ihr von andern erwartet, das tut auch ihnen." (Mt 7,12)
- dienen wir in gewissenhaftem Gehorsam. Um vor unserem Gewissen bestehen zu können, befolgen wir nur, was wir sittlich verantworten und ethisch rechtfertigen können. ‚Kadavergehorsam' ist out! ‚Gehorsam' kann in bestimmten heiklen Lagen zu persönlicher Feigheit mutieren.
- schätzen wir den Wert eines Lebens in Freiheit und Würde als optimalen „Way of life". Wir stehen für *die* Freiheit, die Menschen brauchen, um tun zu dürfen, was sie nach Gottes Willen tun sollen.
- halten wir die an Recht und Gesetz gebundene staatliche Gewalt für notwendig, um das Zusammenleben unserer Gesellschaft nach den Regeln der Gerechtigkeit gestalten zu können.
- handeln wir als Teil der Exekutive nach den Gesetzen, die für unsere freiheitlich verfasste und demokratisch angelegte Ordnung bindend sind.
- sind wir ‚Staatsbürger in Uniform', die in einer ‚Armee für die/in der Demokratie' dienen; wir leisten unseren Beitrag zu Verteidigung der Freiheit und zu Sicherung des Friedens.
- erkennen wir, dass die Einbindung des Militärs, die Bindung des Soldaten an „seinen" Staat, seine geistige/ideelle Orientierung unterschiedlich,

ja gegensätzlich sein kann; es macht einen Unterschied, ob ein Soldat einem freiheitlichen Rechtstaat oder einer „gängelnden" Diktatur dient. Also ist Soldat nicht gleich Soldat.

- interpretieren wir Verteidigung als dynamische Abwehr jeglicher Anfeindung. Wir lassen uns weder einschüchtern noch erpressen und schon gar nicht unterdrücken.

- schaffen wir die Voraussetzung zur Selbstbestimmung unseres Volkes, indem wir unseren Willen zur Selbstbehauptung demonstrieren.

- meinen wir, dass ein Staat, der die Freiheit und den Frieden seiner Bürger nicht schützen kann oder will, seine Legitimation verspielt (hat). Ein Einzelner kann auf sein Notwehr-Recht verzichten, der Staat nicht.

- sind wir auf unser Grundgesetz eingeschworen. Wir bekennen uns zum in der Präambel verankerten Friedensgebot und damit selbstverständlich zum Verbot der Vorbereitung eines Angriffskrieges (Art 26 GG).

- stehen wir für eine konsequente Politik der Kriegsverhütung und, sollte diese nicht mehr greifen, für eine kluge, umsichtige Strategie der schnellen Kriegsbeendigung.

- hoffen wir, dass die Vernunft alle politisch Verantwortlichen leitet, militärische Gewalt, wenn überhaupt, als ultima ratio (äußerstes Mittel) zu sehen.

- kultivieren wir kein Feindbild und lernen nicht zu hassen. Allerdings: wer immer uns angreift, macht sich dadurch nach seinem – und *gegen* unseren – Willen zum Feind.

- verstehen wir unter Feindesliebe den Versuch, Angreifer davon abzuhalten, sich an unseren Mitbürgern (unseren Nächsten) und uns selbst zu versündigen.

- hören wir die Bergpredigt und meinen, dass gerade derjenige nach Gebot der Nächstenliebe handelt, der bereit ist, Leib und Leben für andere einzusetzen.

- sehen wir in der Psychologie der Abschreckung (besser: des Abratens) den gutgemeinten Rat an potentielle Angreifer, sich nicht zu unserem Feind zu machen; sein zu erwartender Verlust wäre größer als sein erhoffter Gewinn.

- sind wir entschlossen, jede Aggression so schnell wie möglich zu beenden und Schaden weitestgehend zu begrenzen.

- erwarten wir, dass unsere Auftraggeber (Regierung/Parlament) nur Aufträge anordnen, die politisch notwendig, ethisch gerechtfertigt, rechtlich zulässig und militärisch sinnvoll sind.

- halten wir nur solche Einsätze für zulässig, die gegen militärische Ziele gerichtet sind, die keine unnötigen Leiden erwarten lassen und die nicht heimtückisch sind.

- geben wir zu bedenken, dass, wer nicht vorhat, uns anzugreifen, sich auch nicht bedroht zu fühlen braucht. Wer uns in Frieden lässt, muss weder die Methoden noch die Mittel unserer Verteidigung fürchten.

- wünschen wir, dass der Frieden weltweit Ernstfall wird. Die Lehren aus der Vergangenheit zu ziehen, heißt, den Krieg als Mittel zu Durchsetzung politischer Interessen zu ächten; denn Krieg ist nichts anderes als der Ausverkauf der Politik mangels Phantasie und die Kapitulation des guten Willens.

- wissen wir, dass ein ‚Atomkrieg‘ bereits theoretisch ad absurdum führt, da er praktisch nicht gewonnen werden kann.

- bezweifeln wir, dass Kriege letztendlich gewonnen werden können. Wer zum Mittel des Krieges greift, um seine Interessen gegen die anderer durchzusetzen, ist von allen guten Geistern verlassen.

- glauben wir, dass nicht Abrüstung zum Frieden, sondern Friedfertigkeit (Vertrauensbildung) zur Abrüstung führt. Waffen sind nicht Ursache, sondern Symptom der Friedlosigkeit der Menschen.

- wissen wir, dass die Ursachen von Spannungen und Konflikten in der Missachtung und Unterdrückung der Menschenrechte zu suchen sind.

- glauben wir, dass wir unseren Beitrag zur Durchsetzung des Völkerrechts und zum Schutz der Menschenwürde leisten müssen und geben zu bedenken, dass unterlassene Hilfeleistung schuldig macht. (R2P!)

- regen wir an, dass die fünf ständigen Mitglieder des UN-Sicherheitsrates auf ihr überkommenes Vetorecht zugunsten einer Zweidrittel-Mehrheit verzichten. Nationale Interessen von wenigen

‚Mächtigen' stehen nicht über dem Welt-Gemeinwohl; sie be- oder verhindern nicht selten (aus Machtinteressen und nationalen Egoismen) die von ihnen erwartete friedliche Beilegung von Konflikten – ihre eigentliche Pflicht!

- betrachten wir Bemühungen um Entspannung als Prozess der Vertrauensbildung, des Interessenausgleichs, der Regeneration zur Menschlichkeit, der Annäherung und Versöhnung ...

- denken wir über den Satz von *Sir Peter Ustinov* nach: Krieg ist der Terror der Reichen (und Mächtigen), Terror ist der Krieg der Armen (und Unterdrückten).

- ist uns das „Kreuz der Politik" bewusst: der Querbalken eines ungezügelten Kapitalismus mit dem Zwang zur Gewinnmaximierung lastet auf dem Längsbalken von Unterdrückung und Ausbeutung.

- begrüßen wir jede vertrauensbildende Maßnahme und treten für beiderseitige, ausgewogene, nachprüfbare und nachhaltige Abrüstung ein.

- wünschen wir, dass die politisch Verantwortlichen in Ost und West, Nord und Süd Rahmenbedingungen schaffen, die einen Frieden mit immer weniger Waffen ermöglichen.

- sind wir der Auffassung, dass Gewissen mit Wissen zu tun hat. Wir wollen die von vielen gewünschte militärische Abrüstung nicht durch eine voreilige, von Naivität und blindem Vertrauen beflügelte, geistige Abrüstung gefährden.

*Leicht überarbeitete/aktualisierte Fassung aus: Arbeitskreis „Sicherung des Friedens", Briefdienst 3/86

INNERE FÜHRUNG
Ethik für die Bundeswehr
Zusammenschau als Lehr- und Lernhilfe

kompakt

1.0 ROLLENverständnis ← korrespondiert miteinander → **2.0 SELBSTverständnis**
der Bundeswehr / des Soldaten

1.1
Armee in der Demokratie

1.1.1
ethisch orientiert

1.1.2
rechtlich fundiert

1.1.3
demokratisch legitimiert

1.1.4
parlamentarisch kontrolliert

1.1.5
gesellschaftlich integriert

1.2
Einsatz Profil*

1.2.1
Landesverteidigung
Heimatschutz

1.2.2
Verteidigung im Bündnis

1.2.3
Europäische Sicherheit

1.2.4
UNO Friedensmissionen

1.2.5
Humanitäre Hilfe

2.1
Staatsbürger in Uniform

2.1.1
freie Person

2.1.2
mündiger Bürger

2.1.3
überzeugter Demokrat

2.1.4
verlässlicher Kamerad

2.1.5
motivierter Soldat

2.1.6
vorbildlicher Vorgesetzter

2.2
soldatisches Profil

2.2.1
Menschenwürde und Völkerrecht
dem Frieden verpflichtet

2.2 2
verantwortungsbewusst
gewissenhaft im Gehorsam

2.2.3
politisch gebildet
fachlich kompetent

2.2.4
physisch belastbar
psychisch stabil

2.2.5
mitdenkend
teamfähig

* konzentrisch von innen nach außen - „Zwiebelschalen-Prinzip": lokal - regional - global;
  in Anlehnung an die „Konzeption der Bundeswehr" vom 20jul18.

Helmut Jermer

Innere Führung kompakt –
eine Lehr- und Lernhilfe

Innere Führung als Konzeption für die Führungskultur[1] einer modernen Armee zu verstehen, setzt Grundkenntnisse in politischer, historischer und kultureller Bildung voraus. Die ‚Führungskonzeption' beschreibt nach Auffassung des Autors das anzustrebende Ideal (Anspruch), während die ‚Führungskultur' die erlebte Wirklichkeit spiegelt. Schließlich geht es der Inneren Führung darum, beides, Anspruch und Wirklichkeit, zusammenzubringen.[2]

Als Navigationshilfe durch den komplexen Themenbereich Innere Führung dient ein Schema, das diese Abhandlung strukturiert. Es mag als Leitfaden helfen, den Einstieg in Unterrichte zum Thema zu erschließen und bietet eine Zusammenschau gesellschafts- und sicherheitspolitisch relevanter Bildungsfelder.

Vom Menschenbild des Grundgesetzes zum Selbstverständnis des Soldaten

Die Bundesrepublik Deutschland versteht sich als freiheitlicher, demokratischer und sozialer Rechtsstaat, weltanschaulich neutral, jedoch nicht wertfrei, wie die Präambel (Gottesbezug) und der Grundrechtskatalog[3] ausführt. Die Würde des Menschen

---

[1] auch Organisations-, Unternehmenskultur, Führungsphilosophie ...

[2] vgl. Jan Pahl: Führungskultur in der Bundeswehr. Die Wirkung der Inneren Führung auf Attraktivität und Berufszufriedenheit, Miles-Verlag 2018, Standpunkte und Orientierungen, Band 12

[3] GG Art 1-19

und seine individuellen und unveräußerlichen Freiheitsrechte einerseits, subsidiäre und solidarische, gemeinschaftsbildende und -fördernde Pflichten andererseits prägen das Menschenbild unserer Verfassung. Mit diesem Ansatz wird das Grundgesetz sowohl der Individualität als auch der Sozialität des Menschen gerecht.

Das Wissen um politische, historische und kulturelle Zusammenhänge verpflichtet jeden verantwortungsbewussten Staatsbürger – gerade jene in Uniform – zur Wachsamkeit gegenüber jeglicher Gefährdung des Lebens, damit Menschlichkeit unter dem Schutz der Verfassung gedeihen kann. Völkerrecht und Menschenwürde zu achten, ist ein sittlicher Imperativ, den es inner- und überstaatlich umzusetzen und quasi als „Weltethos" (Hans Küng) zu fördern gilt. In diesem Sinne ist das Grundgesetz auch eine Sammlung von Lehren aus der Vergangenheit, die als Mahnung in der Gegenwart und als Verpflichtung für die Zukunft wirkt. In diesem Zusammenhang ist die Rede des Bundespräsidenten zum Beginn des II. Weltkrieges vor 80 Jahren ein hilfreicher Bezugstext[4], den Soldaten der Bundeswehr vor dem Hintergrund ihres Selbstverständnisses reflektieren können.

Christlich-abendländische Wurzeln

Unser auf das Gemeinwohl ausgerichteter Staat bietet dem Einzelnen ein hohes Maß an individueller Freiheit; er sieht sich in der Tradition christlich-

---

[4] siehe Anlage

abendländischer Kultur. Demnach sollte jeder Mensch auf sein (konstruktiv-prospektives) Werdebild (Ideal) hinarbeiten und seine Potenziale entfalten. Werte und Tugenden bilden dazu als Orientierungsrahmen ein ethisches Koordinatensystem: *„Ideale sind wie Sterne, man kann sie zwar nicht erreichen, aber man kann sich an ihnen orientieren.“* (Carl Schurz). So betrachtet, ist die Arbeit an sich selbst (am Schärfen des persönlichen, insbesondere des soldatischen Profils) ein Kontinuierliches Verbesserungsprogramm (KVP), das sich auf die zwischenmenschliche Atmosphäre (Organisationskultur, Kameradschaft, Gefolgschaft ...) positiv auswirkt und deutlich macht, dass der Mensch nicht für sich alleine lebt. Was der Einzelne nicht (annähernd) zu leisten vermag, wächst aus der Kraft der Gemeinschaft. Es geht ums Gemeinwohl.

Die Verteidigung von Recht und Freiheit sind Grundmotiv, Sinn und Zweck der Bundeswehr; dieser Kern der Eidesformel ist Beleg dafür, wie man konstruktiv-kritisch mit einer gebrochenen Tradition[5] umgehen kann und sollte. *Lehren aus der Vergangenheit* zu ziehen heißt, frühere Fehlentwicklungen zu analysieren, schuldhafte Verstrickung beim Namen zu nennen und schließlich wirklich alles zu tun, damit sich solche und ähnliche Verbrechen gegen die Menschlichkeit nicht wiederholen. Deswegen werden Bundeswehrsoldaten nicht auf eine Person, sondern auf die Verfassung eingeschworen.

Innere Führung ist zum Markenzeichen und Alleinstellungsmerkmal der Bundeswehr geworden; damit

---

[5] Deutsches Heer WK I, Wehrmacht III. Reich

unterscheidet sich die Bundeswehr von vielen Armeen der Welt. Innere Führung ist – auf den Punkt gebracht – Ethik für die Bundeswehr; sie kann auch als ‚Seele der Bundeswehr' bezeichnet werden. (siehe Teil I dieses Bändchens)

Menschenwürde als oberstes Staatsziel

Die Würde des Menschen – ohne Unterschied von Rasse, Religion, Kultur, Nation – *ist unantastbar*[6], die Menschenrechte leiten sich daraus ab. Dieses Postulat steht an prominenter Stelle als Imperativ im 1. Artikel unserer Verfassung. Es steht im engen Zusammenhang mit der Vorgabe der Präambel, der Einheit Europas und dem Frieden in der Welt zu dienen. Denn nur im Frieden können sich Menschen in Würde entfalten.

Die Würde eines Menschen ist unveräußerlich; sie kann niemandem abgesprochen werden. Das Grundgesetz räumt der Würde des Menschen höchsten Rang ein: *„Sie zu achten und zu schützen ist Verpflichtung aller staatlichen Gewalt"*, heißt es im Artikel 1(1) GG. Diese Vorgabe steht auch als Vorzeichen vor der Bundeswehr; sie nimmt jeden Vorgesetzten in besonderem Maße in Pflicht, auch, weil er über Menschen bestimmt, von denen er Gefolgschaft erwartet.

Dem Gemeinwesen ist es nachvollziehbar abträglich, wenn Menschen sich über andere erheben, ihrem Egoismus frönen und so das Gemeinwohl auf ‚mein' Wohl eindampfen. Das Bundesverfassungsgericht

---

[6] Art 1(1) GG

stellt dagegen fest: *„Das Grundgesetz ist eine wertgebundene Ordnung, die den Schutz von Freiheit und Menschenwürde als den obersten Zweck allen Rechts erkennt; sein Menschenbild ist nicht das eines selbstherrlichen Individuums, sondern das der in der Gemeinschaft stehenden und ihr vielfältig verpflichteten freien Persönlichkeit."* [7]

Bürgerliche Freiheit und soldatische (Ein-)Ordnung

Der Schlüssel zum Selbstverständnis des Soldaten der Bundeswehr liegt in der Inneren Führung; sie gibt dem Soldaten Orientierung, fördert die Identifikation mit der Bundeswehr und schließlich die Integration der Armee in die Gesellschaft. Innere Führung legt das ethische Koordinatensystem vor, in dem sich der ‚Staatsbürger in Uniform', der in einer ‚Armee in der/für die Demokratie' dient, selbst finden und Position beziehen kann.

Innere Führung will die Freiheit des Einzelnen weitgehend gewahrt wissen. Das Spannungsfeld zwischen staatsbürgerlicher Freiheit einerseits und soldatischer Ordnung (was konkret Ein- und Unterordnung bedeutet) andererseits sorgt für eine fruchtbare Dynamik. *Innere Führung will Harmonisierung zwischen Bürger und Soldat, zwischen Demokratie und Armee.*

Die Bundeswehr wurde als ‚Armee für die Demokratie' aufgestellt (Himmeroder Denkschrift) und in die Demokratie integriert. Daraus leitet sich das Leitbild vom ‚Staatsbürger in Uniform' ab. Der Soldat bleibt Staatsbürger, gleichwohl er sich durch seinen Dienst

---

[7] BVerfG 12,45,51

unter eine militärische Ordnung stellt: militärische Hierarchie und das auftragsbedingte Prinzip von Befehl und Gehorsam verlangen, dass sich Soldaten „fügen", dass sie sinnvoller- und notwendigerweise Einschränkungen in Kauf nehmen.

Demokratiefreundlich, sozialverträglich, staatstragend

Die Bundeswehr ist ein politisches Instrument der Sicherheitspolitik der Bundesrepublik Deutschland, das sich durch die Innere Führung als demokratiefreundlich, sozialverträglich und staatstragend ausweist.

Demokratiefreundlich, weil die Bundeswehr von den geistigen Vätern der Inneren Führung als ‚Armee für die Demokratie' konzipiert wurde und zu einem integralen Bestandteil der Gesellschaft geworden ist. Sie schützt die Demokratie gegen Bedrohungen von außen und gestattet – wo möglich – demokratische Formen des Miteinanders im Innern. Die persönliche/innere Bejahung korrespondiert mit der institutionellen/äußeren Auflage im Soldatengesetz: *„Der Soldat muss die freiheitliche demokratische Grundordnung im Sinne des Grundgesetzes anerkennen und durch sein gesamtes Verhalten für ihre Erhaltung eintreten."*[8]

Sozialverträglich, weil sie keine neben oder über der Gesellschaft stehende Institution ist, kein „Staat im Staat", sondern, weil in der Bundeswehr Staatsbürger dienen (Integration); sie bringen sich ein, um einen (sozialen) Dienst an der Gesellschaft zu leisten,

---

[8] § 8 SG

wenn sie „das Recht und die Freiheit des Deutschen Volkes" tapfer verteidigen.[9]

Staatstragend, weil Regierung und Parlament in vor äußerer Bedrohung geschützter Atmosphäre das friedliche Zusammenleben in Staat und Gesellschaft (im Innern) organisieren können. Soldaten sind dem Gemeinwohl verpflichtet und tragen so zur inneren Stabilität des Staates bei; die Bundeswehr leistet einen wesentlichen Beitrag dazu, dass unser Land im Kräftespiel der internationalen Politik bestehen und sich *selbst*bestimmt weiterentwickeln kann.

Frieden als dynamische Aufgabe

Respektvoll miteinander umzugehen und füreinander da zu sein, fördert Gemeinschaft. Das Zusammenleben von Menschen und Völkern ist auf gutes Einvernehmen, auf konstruktive Beziehungen angewiesen. Frieden ist nie endgültig; vielmehr fordert er ständig heraus – ein Dauerauftrag zur Sicherung und Optimierung. Für die politische Ordnung („gesellschaftliches Spielfeld') gelten Regeln: Demokratie, Rechtsstaatlichkeit, Sozialstandards, Respekt im Umgang mit Mensch und Natur ... Die Kultur eines geregelten Miteinander ermöglicht es den Bürgern, sich (in Würde) zu entfalten – eine ‚politische Harmonielehre' für eine freiheitlich verfasste und demokratisch angelegte politische Ordnung. Deren Töne erklingen im Akkord aus den Werten Freiheit und Verantwortung, Gerechtigkeit und Barmherzigkeit,

---

[9] vgl. SG § 7

78

Solidarität und Subsidiarität ... Das Gemeinwohl zu fördern muss Grundanliegen jeder Politik sein.

Einerseits gibt es gute Beispiele, wie Frieden „gemacht" werden kann: Europäische Union, KSZE-Prozess mit der deutschen Einheit[10] und Öffnung der EU für osteuropäische Staaten, die vier Jahrzehnte von der UdSSR im Warschauer Pakt ‚eingesperrt' und versklavt waren. Andererseits gibt es abschreckend viele Beispiele von politischem Versagen, von Fehlleistungen bzw. Unterlassungen, die zu Krisen und Konflikten, zu Kriegen und Terror und in deren Folge zu Flucht und Vertreibung geführt haben und führen und unermessliches Leid und unsägliche Not mit sich gebracht haben. Die tiefer liegenden Ursachen sind relativ leicht auszumachen, jedoch schwer zu überwinden: Unterdrückung, Ausbeutung, Demütigung, oft im Namen einer Ideologie, von religiösem Fundamentalismus und nationalem Fanatismus (als ein Art binäre ideologische Waffe) – Zustände zum Davonlaufen ...

Frieden ist ein Werk der Gerechtigkeit

Opus Iustitiae Pax[11] – eine alte Weisheit. Wer Frieden sucht, muss wissen, wie man Gemeinwohl durchbuchstabiert. Staaten sind gut beraten, berechtigte Interessen untereinander auszugleichen und soziale Standards zu institutionalisieren. Gerechtigkeit (verteilende und ausgleichende) zu organisieren ist ein politischer Dauerauftrag für unsere *eine* Welt. Bei je-

---

[10] 2+4-Vertrag 1991

[11] Gerechtigkeit schafft Frieden

der Gesetz-Gebung sollte peinlich darauf geachtet werden, dass sich das ‚gesetzte‘ Recht nicht von dem entfernt, was Menschen als wirklich gerecht empfinden: gleiche Chancen, gleiche Behandlung, gleiche/angemessene Verteilung des Wohlstands, Teilhabe am Gemeinwohl, konsequente Umsetzung von Recht und Gesetz, rechtzeitige Korrekturen von Fehlentwicklungen ... Ja, der Rechtsstaat ist ein hohes Gut; er ist aber auch, wie die Demokratie, anstrengend und anspruchsvoll.

Seit dem Ende des Kalten Krieges ist Deutschland als souveräner Staat in die internationale Verantwortung für den Weltfrieden hineingewachsen. Dadurch haben sich auch die Aufgaben für die Bundeswehr erweitert; inzwischen nimmt sie ganz selbstverständlich auch global an Friedensmissionen der Vereinten Nationen teil. Deutsche Soldaten in international zusammengesetzten Einsatzkontingenten bleiben selbstverständlich ‚Staatsbürger in Uniform‘ der Bundesrepublik. So übernimmt Deutschland Aufgaben, die dem Welt-Frieden dienen.[12]

Innere Führung
als ständige Herausforderung

Der Jahresbericht des Wehrbeauftragten leuchtet regelmäßig in Truppe und Stäbe hinein – auch in dunkle Ecken. Was er dort aufdeckt, ist mitunter erschreckend unerfreulich. Und so müssen sich Vorgesetzte nach Kräften darum kümmern, Missstände aufzuklären und abzustellen, Fehlverhalten zu sank-

---

[12] Präambel GG

tionieren und Mechanismen zur Vorbeugung zu entwickeln.

Es muss im Interesse aller Soldaten, nicht nur der militärischen Führung, liegen, alles zu tun, dass es ‚gut läuft‘ mit der Bundeswehr, so, dass sie keine negativen Schlagzeilen liefert. Nein, sie soll nicht aus den Medien herausgehalten werden. Sonst darf man das „freundliche Desinteresse“, das der frühere Bundespräsident Horst Köhler der Öffentlichkeit im Hinblick auf die Bundeswehr bescheinigt hat, nicht beklagen. Berichte über die Bundeswehr sind erwünscht gerade dann, wenn sie gute Leistungen und vorbildliches Verhalten herausstellen. Die Soldaten haben Aufmerksamkeit und Anerkennung verdient; sie brauchen sie auch für ihr Selbstbewusstsein und für ihr Selbstverständnis.

Die Bundeswehr braucht eine offensive Öffentlichkeitsarbeit. Sie muss sich ins Gespräch bringen. Sie muss den Dialog mit den Bürgern suchen und ihren Auftrag kommunizieren. Die Kraft der Argumente zählt. Wer kann überzeugender von dem reden, was er tut, als der ‚Kronzeuge‘ selbst. Es ist im Interesse der Streitkräfte, hinreichend Nachwuchs zu gewinnen. Der Soldat von heute muss öffentlich sichtbar sein; er ist ‚Akteur auf offener Bühne‘. (Klaus Naumann)

Die am besten geeigneten Mittel gegen Fehler im Führungsverhalten, entwürdigende Behandlungen, gegen ‚Entgleisungen‘ im Umgang miteinander sind Erziehung und Bildung. Die Maßstäbe, welche die Innere Führung setzt, helfen auch, (Aus-)Bildungsmängel zu erkennen und ihnen vorzubeugen, so, dass künftig weniger beschämende oder geschmacklose Ereignisse die Öffentlichkeit erschrecken dürften.

Die Vorgesetzten als Ausbilder und Erzieher sind gefordert. Sie müssen in der Lage sein, bei den ihnen anvertrauten Soldaten die Spielregeln für ein kultiviertes Miteinander zu bestärken bzw. sie ihnen auch noch beizubringen; sie sind gehalten, Innere Führung vorzuleben und ihnen das Wissen zu vermitteln, aus dem sie ihr Selbstverständnis als Soldat entwickeln und die Rolle der Bundeswehr verstehen können – auch und gerade in Unterrichten zu politischer Bildung und Lebenskunde. Also sollte man es ernst nehmen, wenn auf dem Dienstplan Unterrichte zu Themen wie Innere Führung, Soldatische Ordnung, Recht, politische Bildung stehen ...

Das am Anfang dieses Kapitels vorgestellte Schema bietet einen Weg an, Innere Führung aufzuschließen und zu erklären, konkret:

- einen Überblick über dieses wichtige Themenfeld zu vermitteln

- einen ‚roten Faden' durch die Verknüpfung von Leitbegriffen anzubieten

- Wissen strukturiert zu vermitteln

- das Lehren und Lernen von InFü zu unterstützen.

Leitbilder für Organisation und Mensch

Die zwei Leitbilder dieser Führungsphilosophie werden in den Mittelpunkt der Betrachtung gestellt: die *‚Armee in der Demokratie'* und der *‚Staatsbürger in Uni-*

form'. Sie charakterisieren einerseits die Organisation und andererseits die Anforderungen an Menschen, die sich in den Dienst dieser Organisation stellen. Ihr Credo: Wir. Dienen. Deutschland.

Der Mensch, der sich in eine Organisation einbringt, muss sich an deren Gegebenheiten und Bestimmung orientieren. Es geht um die Sicherung des Gemeinwohls, also um das Wohl aller Bürger. Diese Zusammenhänge sollten auch für die Kriterien gelten, wonach geeignete Menschen für den Dienst in der Institution gesucht, ausgewählt, auf Tauglichkeit geprüft und ausgebildet werden.

1.0 : Rollenverständnis der Bundeswehr

Der Bund unterhält zu seiner äußeren Sicherheit die Bundeswehr. Sie schützt die durch das Grundgesetz gegebene politische Ordnung und verteidigt Recht und Freiheit des deutschen Volkes.

Die Bundeswehr kann im Rahmen kollektiver Sicherheitssysteme zur Sicherung oder Wiederherstellung des (Welt-)Friedens und zur Durchsetzung des Völkerrechts (incl. R2P) eingesetzt werden.

Außerdem kann die Bundeswehr mit Aufgaben zur Not- und Katastrophenhilfe im In- und Ausland beauftragt werden.[13]

---

[13] So könnte eine Neufassung des Artikel 87a des Grundgesetzes lauten, der Maß an der Wirklichkeit nimmt – vgl. Schema *Einsatzprofil*

1.1 : Armee in der Demokratie

Die ‚Armee in der Demokratie' folgt dem Primat des Politischen. Das Parlament als Gesetzgeber und Legitimations-Instanz bestimmt über Auftrag und Mittel der Streitkräfte. Deshalb versteht sich die Bundeswehr als „Parlamentsarmee"; ihre Soldaten (müssen) wissen, woher die Aufträge kommen und dürfen darauf vertrauen, dass Regierung und Parlament sich ihrer Verantwortung bewusst sind, wenn sie darüber entscheiden, wann, wo und in welchem Umfang die Bundeswehr zu welchem Ziel eingesetzt wird.

Die Bundeswehr wird sich nie an einem Angriffskrieg beteiligen (Art 26 GG); er ist in reifen Demokratien westlicher Prägung nicht mehrheitsfähig; die ‚Herrschaft des Volkes' ist also eine (Ver-)Sicherung gegen Krieg als Übel, gegen die Gräuel, die er mit sich brächte, gegen Not und Elend, das er auslösen würde.

Demokratie hilft, obrigkeitsstaatliches Denken zu überwinden; Soldaten wissen: Innere Führung kennt keinen, ‚Kadavergehorsam', sondern fördert persönlichen Mut zum aufrechten Gang und gewissenhaften Gehorsam: Soldaten stehen gerade für das, was sie reden und tun. Das Soldatengesetz ist Bezugsrahmen für die Erziehung und Bildung der Soldaten.

1.1.1 : Ethisch orientiert

Wer für sich Recht und Freiheit beansprucht, muss auch anderen gönnen, in den Genuss dieser Werte zu kommen, und wer von anderen erwartet, dass sie ihm beistehen, muss zur Gegenleistung bereit sein (Solidarität).

Der Einsatz für Recht und Freiheit ist nicht nur auf das eigene Land bezogen, sondern gilt universal und liegt im Staatsinteresse Deutschlands! Der Soldateneid aus der Gründerzeit der Bundeswehr beinhaltet diese Erkenntnis; weder muss er neu formuliert, noch müssen die Soldaten neu eingeschworen werden. Damit können auch christlich orientierte Menschen gut leben: weitsichtig hat das II. Vatikanische Konzil (1962 bis 1965) formuliert: *„Wer als Soldat im Dienst des Vaterlandes steht, betrachte sich als Diener der Sicherheit und Freiheit der Völker*[14]*. Indem er diese Aufgabe erfüllt, trägt er wahrhaft zur Festigung des Friedens bei.“*[15]

Die moralische Verpflichtung, Frieden zu fördern[16], zu sichern oder wiederherzustellen[17] gründet in der Goldenen Regel[18] und ist dementsprechend zu interpretieren: Wenn irgendwo flagrante Menschenrechtsverletzungen geschehen, wenn es gilt, dem Völkerrecht Geltung zu verschaffen, darf die Staatengemeinschaft – und mit ihr Deutschland – nicht wegsehen.

Eine so gepflegte politische Ethik fordert einen Soldaten, der sich letztlich dem Frieden in Freiheit im Kleinen und im Großen verpflichtet weiß. In diesem Sinne ist die mit der Inneren Führung korrelierende Ethik ‚kategorischer Imperativ‘ für die Bundeswehr.

---

[14] Achtung: Plural!, der Verf.

[15] Konzilsdokument Gaudium et Spes, GS Nr 79

[16] Präambel GG

[17] Art 24(2) GG

[18] Die Bibel, NT, Mt 7,12

1.1.2 : Rechtlich fundiert

Das Primat der Politik als Grundbedingung aller Entscheidungen, welche die Streitkräfte betreffen, ordnet die Bundeswehr als Institution der Exekutive in die Strukturen des Rechtsstaates ein. Die deutsche Wehrverfassung ist mit dem Grundgesetz abgestimmt und beachtet die Regeln des Völkerrechts. Sie steckt den rechtlichen Rahmen für den Auftrag der Bundeswehr ab, aus dem sich wiederum der personelle Umfang und die materielle Ausstattung ergeben[19]. Streitkräfte dürfen demnach nur zum Zwecke der Verteidigung eingesetzt und niemals zu einem Angriff missbraucht werden (s.o.). Verteidigung ist dabei im weiteren Sinne zu verstehen. Als Partner in übernationalen Organisationen und Mitglied der Vereinten Nationen ergeben sich nämlich solidarische Beistandsverpflichtungen, sowohl gegenüber verbündeten Staaten als auch bedrängten Volksgruppen[20].

Auch für die innere Ordnung der Bundeswehr wurden Lehren aus der Vergangenheit berücksichtigt und rechtlich abgesichert. Die Soldaten der Bundeswehr sind auf die Verfassung (und nicht wie in früheren Zeiten auf eine Person) vereidigt. Schließlich ist es dem Staatsbürger in Uniform unbenommen, demokratische Rechte zu nutzen. Die Bürgerrechte der Soldaten dürfen nur eingeschränkt werden, wenn dies durch den Verteidigungsauftrag im Sinne des höherrangigen Gemeinwohls notwendig ist.[21]

---

[19] Art 87a GG

[20] vgl. R2P

[21] Art 17a GG

Nach dem Prinzip: soviel Freiheit wie möglich und so wenig Einschränkung wie - dienstlich begründet - nötig, erlebt der Soldat auch im militärischen Alltag demokratische Umgangsformen; so soll er an Entscheidungen beteiligt werden, die ihn direkt oder auch indirekt angehen. Dadurch wird der Umgang miteinander transparent und berechenbar und trägt zur Vertrauensbildung bei. Und er hat die Möglichkeit, sich ggf. an Vertrauenspersonen zu wenden, sich zu beschweren oder auch mit einer Eingabe an den Wehrbeauftragten des Deutschen Bundestages auf Missstände aufmerksam zu machen.

1.1.3 : Demokratisch legitimiert

Die Frage nach der Legitimität eines Einsatzes ist von besonderer Bedeutung für Streitkräfte in einer Demokratie. Sie stellt sich ungeachtet der grundsätzlichen verfassungsrechtlichen Klärung für jeden Einsatz neu. Der Soldat will seinen Einsatz, der ja äußerstenfalls sein Leben kosten kann, von einer möglichst breiten Mehrheit im Parlament entschieden und vom Volk mitgetragen wissen. Der politische Auftrag und die daraus abgeleiteten militärischen Aufgaben müssen gerade von dem, der ihn ausführen soll, als politisch notwendig, rechtlich zulässig, ethisch gerechtfertigt und militärisch sinnvoll erkannt werden. Und der Soldat soll sich durch Information und Diskussion ein eigenes Urteil bilden. Die ‚politische Hygiene' verlangt – seitens des politischen Auftraggebers – dass die Bundeswehr nicht für (post-)koloniale Interessen anderer Staaten eingespannt werden darf, wohl aber in Orten, in denen

Terror generiert wird, dessen Greueltaten sich – wenn auch nur potentiell – bei uns auswirken würden. Die Bundeswehr trägt dazu bei, Land und Leute zu schützen, Frieden zu sichern und Sicherheit zu stabilisieren, kurzum: dem Völkerrecht Geltung zu verschaffen, damit die Menschenwürde geschützt ist.

1.1.4 : Parlamentarisch kontrolliert

Die Bundeswehr versteht sich als Parlamentsarmee. Von dort erhält sie ihre Aufträge, die Ergebnis einer Debatte und somit einer politischen Entscheidung sind. Jeder Auslandseinsatz (Friedensmission) wird geprüft und durch Mehrheitsbeschluss bestätigt (Parlamentsvorbehalt). Im Verteidigungsausschuss sitzen die Experten der im Bundestag vertretenen Parteien und bereiten die Entscheidung vor. In Unterausschüssen befassen sich Abgeordnete mit Anträgen, welche die Streitkräfte betreffen.

Vom Parlament wird der Wehrbeauftragte (des Deutschen Bundestages) gewählt, der beobachtet, was in der Bundeswehr vorgeht. Er ist berufen, die Grundrechte der Soldaten zu schützen und darüber zu wachen, dass die Grundsätze der Inneren Führung eingehalten werden. Er legt einen Jahresbericht vor, bearbeitet Eingaben von Soldaten, die dort – ähnlich dem Petitionsrecht – beschieden werden. Damit ist er Hilfsorgan bei der Ausübung der parlamentarischen Kontrolle.

Schließlich legt die Bundesregierung in der jährlichen Haushaltsdebatte Rechenschaft ab über die Lage und Entwicklung der Streitkräfte und deren personelle und materielle Ausstattung. Das Parlament sollte gewissenhaft darauf achten, dass für die von ihm beschiedenen Aufträge auch die entsprechenden Mittel bereitstehen.

1.1.5 : Gesellschaftlich integriert

Die Wehrverfassung sieht in der Bundeswehr eine Armee *in der* Demokratie und *für die* Demokratie. Sie dient dem Gemeinwohl und rekrutiert ihre Soldaten aus der Gesellschaft. Die Streitkräfte stehen also in einem realen Bezug zur Gesellschaft, deren integraler Bestandteil sie sind. Integration verlangt Identifikation von Person(en) und Anpassung der Organisation an die Wertordnung des Grundgesetzes.

In Friedenszeiten gehen die Bürger davon aus, dass selbstverständlich alles seinen „geregelten Gang" geht. Aufgaben, welche zur Sicherheitsvorsorge zählen, finden in der Regel nicht das höchste Interesse – viele Bürger halten es scheinbar für selbstverständlich, dass ‚jemand' für sie Kopf und Rücken hinhält. Gleichwohl sind Soldaten angesehen und geachtet. Dem war nicht immer so, gab es doch in der Nachkriegszeit (50er und 60er Jahre) deutliche Vorbehalte gegen eine Wiederbewaffnung und gegen Soldaten. Heute weiß die große Mehrheit der Bürger, nicht zuletzt durch die seit den 90er Jahren zunehmende Zahl der Auslandseinsätze, dass die Soldaten einen unverzichtbaren Dienst leisten, nicht nur für Frieden und Sicherheit. Und die Leistungen der Bundeswehr bei Katastrophen und Humanitären Einsätzen sind hoch geschätzt.

1.2 : Das Einsatzprofil der Bundeswehr

Der Auftrag der Bundeswehr ist in den Verteidigungspoltischen Richtlinien (2011) und im aktuellen Weißbuch 2016[22] beschrieben. Er zeigt das Einsatzspektrum und ist demnach Vorgabe für die militärischen Aufgaben. Sie lassen unverkennbar die Handschrift einer ‚Armee für die Demokratie' erkennen. Alle, die mit und in der Bundeswehr zu tun haben, können an dieser Agenda Maß nehmen.

Das „Auftragsportfolio" der Bundeswehr geht von einem umfassenden, ganzheitlichen Sicherheitsbegriff aus: es geht um die Verteidigung der Souveränität Deutschlands, seiner territorialen Integrität und den Schutz seiner Bürger. Gegenüber äußeren Bedrohungen soll sie den Staat krisenfest machen (Resilienz) sowie die außen- und sicherheitspolitische Handlungsfähigkeit gewährleisten. Als Industrienation sieht sich Deutschland, gemeinsam mit den Verbündeten, auch in der Pflicht, für freie und sichere Welthandels- und Versorgungswege sorgen. Die Beistandsverpflichtung der NATO- und EU-Staaten verlangt, ggf. zur Verteidigung der Verbündeten beizutragen. Schließlich soll Sicherheit und Stabilität im internationalen Rahmen gefördert werden. Und nicht zuletzt geht es darum, die europäische Integration, die transatlantische Partnerschaft und die mulinationale Zusammenarbeit in sicherheitspolitischer Hinsicht zu stärken. So verstehen wir unsere nationalen Interessen.

---

[22] vgl. auch: Tradition in der Bundeswehr (Traditionserlass) vom 28. März 2018, Abschnitt 3.2

Abgeleitet aus diesem Auftrag hat die Bundeswehr Aufgaben, die dem eigenen Schutz (Landesverteidigung/Heimatschutz) dienen, die aber auch die Sicherheit der Verbündeten in NATO und EU (Bündnisverteidigung) im Blick haben. Die Bundesrepublik betrachtet den Weltfrieden als hohes Gut und weist der Bundeswehr Aufgaben im internationalen Krisenmanagement zu. Dieser Logik folgt das Gebot zur Pflege der Partnerschaft ebenso wie die Förderung der Zusammenarbeit und Unterstützung über EU und NATO hinaus. Wenn Menschen in Not geraten oder von Katastrophen heimgesucht werden, soll die Bundeswehr nach Kräften helfen.

1.2.1 : Landesverteidigung / Heimatschutz

Die *Landesverteidigung* umfasst alle Maßnahmen auf nationaler oder übernationaler (NATO) Ebene, um den Verteidigungsauftrag zu organisieren. Die Maßnahmen signalisieren einem potentiellen Angreifer die Entschlossenheit, Land und Leute zu schützen und ihm in der Reaktion auf eine Aggression einen für ihn nicht akzeptablen Schaden zuzufügen (Abschreckung). Die sicherheitspolitische Vorsorge gebietet es, entsprechende Kräfte und Mittel auch in Friedenszeiten vorzuhalten.

Heimatschutz ist eine gesamtstaatliche Aufgabe. Die Bundeswehr leistet einen wesentlichen Beitrag zum Schutz Deutschlands und seiner Bürger. Hierzu gehören neben den originären Aufgaben (Sicherheit des Luft- und Seeraums, Landesverteidigung im klassischen Sinne, Absicherung militärischer Anlagen) die subsidiären Aufgaben der Bundeswehr im

Inland (Amtshilfe in Fällen von Naturkatastrophen und schweren Unglücksfällen, zum Schutz kritischer Infrastruktur und bei innerem Notstand) im Rahmen geltender Gesetze. Zum Heimatschutz werden bei Bedarf alle verfügbaren Kräfte, einschließlich der Reservisten, herangezogen.

1.2.2 : Verteidigung im Bündnis

Für die Bündnis-Verteidigung braucht die Bundeswehr die gleichen Fähigkeiten und Mittel wie zur Landesverteidigung, weswegen die Schnittmenge zwischen Heimatschutz, Landes- und Bündnisverteidigung beachtlich ist[23].

Die Nordatlantische Allianz steht für die Verteidigung westlicher Werte. Deutschland ist sich seiner internationalen Verantwortung in der Allianz und seiner Verpflichtungen bewusst. Bündnissolidarität ist bundesdeutsche Staatsraison. Auch hier gilt das Leitwort: Einer für alle, alle für einen. Das sollen auch die Gegner/Feinde unseres Strebens nach *„Wohlfahrt für alle"* wissen, weshalb das Bündnis jeder Art der Aggression entgegenwirkt, indem es von Angriffen abrät (Abschreckung).

Die militärische Integration und die wechselseitige politische Solidarität mit unseren Partnern sind die Kohäsionskräfte der NATO. *Die Allianz verbindet Europa mit den Vereinigten Staaten von Amerika und mit Kanada und umgekehrt. Sie erhält und garantiert durch die kollektive Verteidigung die Sicherheit Europas und damit den*

---

[23] Single Set of Forces, vgl. Die Konzeption der Bundeswehr, 2018

Schutz und die territoriale Unversehrtheit ihrer Mitgliedsstaaten.[24] Die gemeinsame Verteidigung gemäß Artikel 5 des NATO-Vertrages bleibt der Kern des Bündnisses.

1.2.3 : Europäische Sicherheit

Das freie und geeinte Europa verfolgt das Ziel, in allen geeigneten Politikbereichen möglichst eng zusammenzuarbeiten, sich aufeinander einzulassen (vertrauen) um sich – schließlich – aufeinander verlassen zu können. Die politische Vernunft fordert die EU heraus, ihre militärische Handlungsfähigkeit (souverän) auszubauen, damit sie Verantwortung für die gemeinsame Sicherheit inner- und außerhalb Europas übernehmen kann. Für ihre Bemühungen, Europa krisenfest zu machen, braucht die EU ein breites Spektrum von zivilen und militärischen Instrumenten zur Konfliktverhütung, zum Krisenmanagement, zur Konfliktbewältigung und -nachsorge. Denn die Konfliktnachsorge von heute ist Sicherheitsvorsorge für morgen – ein Gebot friedenspolitischer Klugheit.

Die EU will im gegenseitigen Einvernehmen mit der NATO auf Fähigkeiten und Strukturen der Nordatlantischen Allianz zurückgreifen und Synergien nutzen. Es wird künftig darauf ankommen, mehr Verantwortung für die eigene Sicherheit zu übernehmen,

---

[24] Verteidigungspolitische Richtlinien: Nationale Interessen wahren – Internationale Verantwortung übernehmen – Sicherheit gemeinsam gestalten (VPR 2011, BMVg, Berlin 2011), Seite 17

um weniger auf die Vereinigten Staaten angewiesen und abhängig zu sein. Die Gemeinsame Sicherheits- und Verteidigungspolitik (GSVP) setzt auf die Ständige Strukturierte Zusammenarbeit auf der Grundlage des Vertrags von Lissabon, damit die Europäische Union ihr politisches Gewicht künftig wirksamer entfalten kann.

1.2.4 : UN-Friedensmissionen

Die Vereinten Nationen sehen sich in der Pflicht, den Weltfrieden und die internationale Sicherheit zu sichern und ggf. wiederherzustellen. Krisen sollen verhindert, Konflikte vermieden und Streitfälle friedlich beigelegt werden (Peacekeeping). Der Einsatz für das Welt-Gemeinwohl verlangt den Kampf gegen Armut, Unterdrückung, Ausbeutung, Raubbau und Korruption ...

Deutschland setzt sich dafür ein, dass Menschenrechte universell gelten und die VN für diese globalen Aufgaben gestärkt werden. Konsequenterweise stellt Deutschland neben beachtlichen finanziellen Mitteln militärische Fähigkeiten zur Verfügung, um Frieden zu stabilisieren und ggf. zu erzwingen.

Die Zusammenarbeit mit den regionalen Organisationen wie etwa der OSZE und die weitere Verbesserung der Zusammenarbeit mit der VN, der EU und der NATO sind Anliegen der deutschen Sicherheitspolitik.[25]

---

[25] Nach Auffassung des Verf. ist das überkommene Vetorecht der fünf Atommächte, darunter autoritäre Staaten, die z.T. in Kriege verstrickt sind, Sand im Getriebe des Bemühens um die Sicherung und Wiederherstellung des Weltfriedens.

1.2.5 : Humanitäre Hilfe

Nach Katastrophen, Kriegen oder schweren Unfällen hilft die Bundeswehr, Not und Elend zu mindern. Solche Operationen können im Rahmen einer internationalen Friedensmission oder als unabhängige Aktion durchgeführt werden. Der humanitäre Einsatz deutscher Streitkräfte im Ausland erfolgt auf der Grundlage eines Amtshilfeersuchens des Auswärtigen Amtes oder durch einen Beschluss der Bundesregierung. Die Hilfsmaßnahmen können bilateral zwischen Deutschland und dem betroffenen Staat oder multinational unter der Regie der VN geleistet werden.

2.0 : Selbstverständnis des Soldaten

Das berufliche Selbstverständnis der Soldaten entwickelt sich aus dem gesellschaftlichen und militärischen Kontext. Es zeigt sich in der Art, wie sich der Soldat mit seinem Beruf identifizieren kann und wie er seiner Pflicht gegenüber dem Staat/der Gesellschaft und der Bundeswehr nachkommt. Erziehung und Bildung (education) helfen dem Soldaten, ein Selbstverständnis zu entwickeln und zu reflektieren – ein permanenter Prozess („Life-Long-Learning"). Dazu bietet das Grundgesetz ein ethisches, politisches und rechtliches Koordinatensystem aus Werten und Normen, in dem sich jeder Soldat mental vermessen kann. Der Soldat von heute kann sich – auf den Punkt gebracht – als *miles protector* (der Soldat als Schutzmann) für Frieden in Freiheit verstehen.

Und Frieden muss nicht nur gesichert, sondern auch gefördert werden. Weil der Soldat z.B. in Auslandseinsätzen/Friedensmissionen mit zivilen Akteuren zusammenarbeitet, ist er zunehmend als *miles formator*[26] gefordert (Uwe Hartmann). Diese Aufgabe stellt sich ihm auch und gerade deshalb, weil er zu den ersten gehört, die in eine Konfliktregion entsandt werden im Wissen, dass Sicherheit durch den Einsatz militärischer Gewalt zumindest „vorläufig" stabilisiert, dauerhafter Frieden jedoch nicht erzwungen werden kann. Ihm ist klar, dass er oft chaotische Verhältnisse vorfindet, die es möglichst im Zusammenwirken mit der Bevölkerung im Einsatzland (Ownership) zu ordnen gilt, damit überhaupt wieder „Staat gemacht" (nation building/ownership) werden kann – eine wirklich heikle, mitunter gefährliche Aufgabe für einen Aufbauhelfer in Uniform, die viel Einfühlungsvermögen und eine hohe Frustrationstoleranz erfordert, damit nachhaltige Lösungen gefunden werden können.

2.1 : Staatsbürger in Uniform

Der Soldat der Bundeswehr betrachtet es als seine Angelegenheit, was ihm seine eingegangene Grundpflicht vorgibt: er tritt ein für die freiheitliche und demokratische Grundordnung, mehr noch: er steht mit seiner ganzen Person vor der politischen Ordnung des Grundgesetzes, in der er lebt und der er dient. In diesem wohlverstandenen Sinne ist er (ein gutartiger) „Überzeugungstäter".[27]

---

[26] Der Soldat als (Mitge-)Gestalter der politischen Ordnung
[27] SG § 7, 8

Diesem Anspruch folgt das Leitbild vom ‚Staatsbürger in Uniform'. Somit ist Innere Führung weit mehr als nur die anständige Behandlung von Untergebenen, nämlich im ganzheitlichen Sinne das *Realisieren von Werten und Normen des Grundgesetzes in der Bundeswehr, konkret: im militärischen Alltag*[28]. Die dadurch geschaffene Atmosphäre macht den mitunter harten Alltagsdienst des Soldaten erträglich, auch, weil die Soldaten einsehen, warum körperliche Belastungen (Training/Drill) überlebens-notwendig sind. Innere Führung nimmt jeden Soldaten ernst und zugleich jeden Vorgesetzten in Pflicht, seinen Teil dazu beizutragen.

2.1.1 : Freie Person

Wer Soldat in der Bundeswehr wird, bleibt freie Person mit einer unveräußerlichen Würde wie jeder Mensch. In der Französischen Verfassung von 1794 heißt es zutreffend, Freiheit sei die Befugnis des Menschen, alles zu tun, was keinem anderen schadet[29]. Freiheit habe als Grundsatz die Natur, als Regel die Gerechtigkeit und als Schutz das Gesetz. Ihre moralische Grenze setzt die ‚Goldene Regel': Was du nicht willst, das man dir tu', das füg' auch keinem andern zu!" In dieser aufgeklärten Tradition stehend heißt es im Artikel 2 GG folgerichtig: *„Jeder hat das*

---

[28] Kurzformel: was ist Innere Führung? - siehe auch Definition Umschlagseite innen/hinten

[29] Heute muss neben der personalen Seite (menschliches Leben) verstärkt auch die materiale, also der Umgang mit der gesamten Schöpfung (Fauna, Flora …), mitbetrachtet werden, der Verf.

Recht auf die freie Entfaltung seiner Persönlichkeit, soweit er nicht die Rechte anderer verletzt und nicht gegen die verfassungsmäßige Ordnung oder das Sittengesetz verstößt."

Wer *Freiheit* für sich in Anspruch nimmt, bekommt sie nur im „Doppelpack" zusammen mit *Verantwortung*. Der Mensch muss, nach christlich-abendländischem Verständnis, Antwort geben können, wenn er nach den Motiven und Kriterien seiner Entscheidungen gefragt wird; Verantwortungsbewusstsein heißt zunächst, seine Entscheidungen, sein Handeln reflektieren und rechtfertigen zu können, aber auch dafür einzustehen. Anständige Menschen streben danach, sich für Ihr Handeln nicht schämen zu müssen. Eine Entscheidung sollte immer nachvollziehbar und in diesem Sinne transparent sein.

2.1.2 : Mündiger Bürger

Mündig ist, wer in Kenntnis seiner Rechte und Pflichten selbstständig handeln und für sich und andere Verantwortung übernehmen kann. Mündigkeit steht für die vom Gesetzgeber geforderte sittliche und geistige Reife als Voraussetzung für rechtliche Handlungen. Der Bürger zeigt Verantwortung gegenüber der Gesellschaft, wenn er ein rechtschaffenes Leben führt und – körperliche und geistige Gesundheit vorausgesetzt – anderen nicht zur Last fällt, sondern vielmehr nach Kräften hilft, wo er kann. In heiklen Lagen beweist er Mut; er steht – als Ausdruck seiner persönlichen und politischen Reife – für das ein, wovon er überzeugt ist. Er steht aber auch für das gerade, was ihm misslingt (Fehlerkultur) – und lernt möglichst daraus. Denn Fehler sind (i.d.R.) verzeihlich, insbesondere, wenn man daraus lernt.

2.1.3 : Überzeugter Demokrat

Seinem Selbstverständnis entsprechend ist der Bundeswehrsoldat idealiter überzeugter ‚Demokrat in Uniform'. Durch seine Sozialisation in Elternhaus und Schule, durch Vorbilder erfährt er Bildung durch Bindung. Aus dem Schulunterricht kennt er in groben Zügen den Charakter und die Funktionsweise des demokratischen Rechts- und Sozialstaates. Bis zu seinem Eintritt in die Bundeswehr sollte er demokratische Spielregeln und Verhaltensweisen (Anstand) gelernt haben, dass der Mensch sich nicht selbst genügt, sondern auf Gemeinschaft angewiesen ist. Leben in der Gemeinschaft heißt Geben[30] und Nehmen[31]...

Mit zunehmender politischer Reife versteht er, dass die Demokratie eine hochentwickelte und anspruchsvolle Staats- und Regierungsform ist, die der engagierten Pflege und des Schutzes bedarf und die auf die Beteiligung der Bürger setzt: Der Staat sind wir! Diese Einsicht begründet und verlangt gründliche politische Bildung auch und gerade in der Bundeswehr. Eine lebendige Demokratie verlangt Einsicht und Engagement aller Bürger.

---

[30] Aufgabe/Hingabe
[31] Empfangen/Annehmen

2.1.4 : Verlässlicher Kamerad

Die Soldaten der Bundeswehr leben in einer Schicksalsgemeinschaft, die zufällig zustande kommt. Sie haben einander nicht ausgewählt, sind aber ungeachtet von Sympathie oder Antipathie unter dem Überbau des gemeinsamen Auftrags aufeinander angewiesen; sie machen „gemeinsame Sache".

Im Soldatengesetz wird Kameradschaft[32] groß geschrieben und gleichsam „verordnet", auch wenn sie eigentlich vernunftgemäß und sittlich bedingt selbstverständlich sein sollte. In der militärischen Hierarchie wirkt sie nicht nur horizontal, sondern auch vertikal; der eine ist dem anderen verpflichtetet und verlässt sich auf den anderen. Vertrauen auf Gegenseitigkeit, heißt die Parole: einer für alle – alle für einen, denn Einigkeit macht stark!

2.1.5 : Motivierter Soldat

Wer in der Bundeswehr dient, sollte wissen, wofür er in letzter Konsequenz steht und zu welchem höheren Ziel er äußerstenfalls Gesundheit und Leben einsetzt. Er soll nicht aus willkürlichem Zwang durch Vorgesetzte, sondern aus Einsicht in die Notwendigkeit seines verfassungsgemäßen Auftrags gehorchen (wollen)[33]. Grenz- und Gefahrensituationen

---

[32] §12 SG: Der Zusammenhalt der Bundeswehr beruht wesentlich auf Kameradschaft. Sie verpflichtet alle Soldaten, die Würde, die Ehre und die Rechte des Kameraden zu achten und ihm in Not und Gefahr beizustehen. Das schließt gegenseitige Anerkennung, Rücksicht und Achtung fremder Anschauungen ein.

[33] vgl. SG § 11

bringen es mit sich, dass Soldaten die Frage nach dem Sinn ihres Tuns immer tiefer ergründen. Sie wollen und müssen informiert sein über das, was ihnen mit dem Auftrag zugemutet wird, damit sie ihn mit gutem Gewissen und mit ganzer Kraft durchführen können. Das Soldatengesetz bildet die Grundlage für die (extrinsische) Motivation. Je sicherer der Soldat weiß, wofür er im letzten steht und je deutlicher ihm klar wird, dass er sich für eine gute Sache einsetzt, entwickelt sich die extrinsische in eine intrinsische Motivation. So wird der politisch vorgegebene Auftrag zur persönlichen Angelegenheit („Personalisierung des Auftrags").

Ethische, politische und historische Bildung sollten zum einen als Bringschuld verstanden werden, die allen Soldaten hinreichend zu vermitteln ist. Zum anderen soll der Soldat sich darüber hinaus selbst weiterbilden, damit er in der Lage ist, sich ein eigenes Urteil zu bilden, um verantwortlich entscheiden zu können. Schließlich will er als mündiger Bürger und überzeugter Demokrat ernst genommen und akzeptiert werden. Er soll seinen Dienst motiviert und engagiert wahrnehmen können. Auch deshalb ist es wichtig, wie Soldaten von ihren Vorgesetzten behandelt und eingesetzt werden. Clausewitz: „... dass man durch die Belebung der individuellen Kräfte unendlich mehr gewinnt (...)". Jeder Soldat soll für sich drei Fragen mit ja beantworten können: (1) Wurde ich gebraucht? (2) War mein Dienst sinnvoll? (3) Wurde ich anständig behandelt?

2.1.6 : Vorbildlicher Vorgesetzter

Wer Menschen führt, steht vorn und soll für das einstehen, was er vorgibt. Als vorbildlicher Vorgesetzter prägt er den Geist ‚seiner Truppe‘. *Vorgesetzte* sollen sich jederzeit bewusst sein, dass sie *Vorbilder* und in Haltung und Pflichterfüllung beispielgebend sind und dass sie vielseitig gefordert sind[34]. Innere Führung ist mehr als nur die anständige Umgang miteinander ...

Die Führungskräfte orientieren sich in ihrem Verhalten am Menschenbild des Grundgesetzes. Der Imperativ: Wer Menschen führen will, muss Menschen mögen! fordert gerade militärische Führer ständig heraus. Schließlich will er „freiwillige Gefolgschaft“ erreichen. Wer glaubt, immer wieder auf seinen Dienstgrad oder seine Dienststellung pochen zu müssen, sollte sich fragen, ob er nicht „fehl am Platze“ ist.

---

[34] SG § 10: Der Vorgesetzte soll in seiner Haltung und Pflichterfüllung ein Beispiel geben.
(2) Er hat die Pflicht zur Dienstaufsicht und ist für die Disziplin seiner Untergebenen verantwortlich.
(3) Er hat für seine Untergebenen zu sorgen.
(4) Er darf Befehle nur zu dienstlichen Zwecken und nur unter Beachtung der Regeln des Völkerrechts, der Gesetze und der Dienstvorschriften erteilen.
(5) Er trägt für seine Befehle die Verantwortung. Befehle hat er in der den Umständen angemessenen Weise durchzusetzen.
(6) Offiziere und Unteroffiziere haben innerhalb und außerhalb des Dienstes bei ihren Äußerungen die Zurückhaltung zu wahren, die erforderlich ist, um das Vertrauen als Vorgesetzte zu erhalten. (Der Verf. legt Wert darauf, dass dieser Paragraf im Kontext zur Kenntnis genommen wird.)

Vorgesetzte müssen daher neben fachlichen vor allem soziale Kompetenzen mitbringen, denn: *„Truppenführung ist eine Kunst, eine auf Charakter, Können und geistiger Kraft beruhende schöpferische Tätigkeit. Ihre Lehren lassen sich nicht erschöpfend darstellen. Sie verträgt weder Formeln noch starre Regeln. Doch müssen klare Grundsätze jeden Führer leiten."*[35] Wer so formuliert, hat verstanden: „Militärisches Führertum beruht nicht auf rationalem Kalkül, spezialisiertem Fachwissen und technischer Routine, sondern auf hoher Geistigkeit, vereint mit Charakter und Seelenstärke." (Carl v. Clausewitz) Und ja: wer vorn steht, muss mehr „drauf" haben. Verliehende Autorität hat ihren Preis. Er zeigt sich im Dienstgrad, im Mehrwert von Befehlsgewalt/ Macht und Verantwortung.

2.2 : Soldatisches Profil

Der Soldat im Truppenalltag (Grundbetrieb) geht seinem Auftrag nach – nach bestem Wissen und Gewissen. Wird er zu Friedensmissionen ins Ausland kommandiert, muss er wissen, aus welchem Grund und mit welchem Ziel (Führen heißt auch: informieren! Dazu dient die Ausbildung im allgemeinen, die Einsatzvorbereitung im besonderen sowie die Information über die Einsatzentscheidung im Bundestag. Transparenz ist in diesem Zusammenhang eine unverzichtbare vertrauensbildende Maßnahme.

Die Legitimität eines Einsatzes ist von besonderer Bedeutung für den Soldaten. Sie stellt sich ungeach-

---

[35] HDv 100/100, Nr 402

tet der grundsätzlichen völker- und verfassungsrechtlichen Klärung für jeden Einsatz neu. Die politische Aufgabe und der daraus abgeleitete militärische Auftrag müssen gerade von dem, der ihn ausführen soll, als erstens politisch notwendig, zweitens rechtlich zulässig, drittens ethisch gerechtfertigt und – schließlich – viertens als militärisch sinnvoll erkannt werden.

Staaten, die ihre Interessen auch heute noch gewaltsam durchsetzen, tragen dazu bei, dass der Begriff „Soldat" immer noch zuerst mit „Krieg" assoziiert wird. Bundeswehr-Soldaten erhalten als „Parlamentsarmee" Aufträge, um Sicherheit zu stabilisieren und Kriege zu beenden. Der Vergleich ist angebracht: wie Feuerwehrleute Brände bekämpfen, sollen Bundeswehrsoldaten Kriege beenden. Sie sind Schutzleute für Frieden und Sicherheit. Dadurch kämpfen sie dafür, dass der Begriff „Soldat" in Zukunft eher mit „Frieden" (Wiederherstellung) verbunden wird – ein Paradigmenwechsel, der weltweit Schule machen könnte.

Das neue Anforderungsprofil des Soldaten reicht vom Kämpfer bis zum Schutzmann, vom Aufbauhelfer bis zum Diplomaten. Der Soldat wird – ähnlich einem Feuerwehrmann – immer neu herausgefordert; er soll schützen, helfen und retten. Wer Soldat sein als Berufung versteht, merkt sehr schnell, dass sein Beruf kein Beruf wie jeder andere ist.

2.2.1 : Menschenwürde und Völkerrecht – dem Frieden verpflichtet

Recht und Freiheit sind große zivilisatorische Errungenschaften, die ein Zusammenleben in Sicherheit und Frieden ermöglichen. Diese vorzüglichen Lebensbedingungen generieren sich nicht von alleine, sondern müssen täglich im kleinen wie im großen (von ihren „Nutznießern") neu errungen werden; es gilt, sie zu schützen und – notfalls unter Einsatz von Leib und Leben – zu verteidigen. Sie nehmen den Soldaten jeden Tag und in jeder Lage in Pflicht, wie der Fahneneid dies verlangt.

Wo Menschenrechte – wie durch das Grundgesetz garantiert – erlebbar werden und wo das Völkerrecht (UN-Charta) kultiviert wird, können sich Menschen unter gedeihlichen und friedlichen Bedingungen entfalten und Staaten in Freiheit entwickeln: Wohlfahrt! Dabei geht es nicht nur darum, die bisher erreichte Sicherheit zu stabilisieren, sondern vor allem darum, alles zu tun, was den Frieden fördert. Es geht um interaktive Kommunikation nach innen und nach außen – um ein konstruktives Miteinander innerhalb der Gesellschaft einerseits aber auch mit den Nachbarstaaten andererseits.

Bundeswehrsoldaten haben sich in den Dienst des Friedens gestellt: Sie sichern die bisher erreichte Qualität des Friedens und setzen sich für seine Gestaltung und Entwicklung ein. Insofern sie an Friedensmissionen der VN teilnehmen, dienen sie nicht nur der Sicherheit und Freiheit ihres eigenen Volkes, sondern auch der anderer Völker, zu deren Wohl der Einsatz notwendig wurde. Sie erwarten von Ihrem

„Auftraggeber" (Parlament) sicherheitspolitische Vor-Sicht und friedenspolitische Weit-Sicht.

Frieden ist mehr als die Abwesenheit von Krieg, von Terror und Unterdrückung. *Nur wirklicher Frieden bietet die Gewähr, dass sich Menschen frei und in Würde entfalten können.* Und Sicherheit ist nicht alles, aber ohne Sicherheit gibt es keine wirkliche Freiheit.

2.2.2 : verantwortungsbewusst – gewissenhaft im Gehorsam

Soldaten unterliegen dem Prinzip von Befehl und Gehorsam (§ 11 SG). Sie sind gehalten, die ihnen zugewiesenen Aufträge gewissenhaft und zuverlässig zu erfüllen und folgen möglichst aus Einsicht in die Notwendigkeit ihres Auftrags. Die Wehrverfassung unseres Landes bietet ein hilfreiches, demokratieverträgliches und soldatenfreundliches rechtliches Koordinatensystem, das Verantwortung bewusst macht und Orientierung gibt; die Wehrgesetze sind mit den Normen des Völkerrechts (Art 25 GG) und den Werten des Grundgesetzes abgestimmt und binden sowohl den Befehlsgeber als auch den Befehlsempfänger.

Die sich im Grundgesetz widerspiegelnde Weltanschauung mit dem ihr zugrundeliegenden Menschenbild kennt keinen „Kadavergehorsam" und auch keine „Nibelungentreue" (gegenüber einem moralisch entgleisten „Machthaber"); Bundeswehrsoldaten dürfen nicht in die Zwangslage geraten, Befehle ausführen zu sollen, die sie moralisch nicht vertreten können (Befehlsnotstand); sie sind sich bewusst, dass „Gehorsam" unter Umständen zu einer spezifischen Form persönlicher Feigheit verkommen kann.

Erwünscht ist ein konstruktiv-kritischer, mitdenkender Gehorsam und verantwortungsbewusstes Handeln. Schließlich ist das Gewissen jedes einzelnen Soldaten vor–letzte Instanz. Denn der Umgang mit Waffen und das Handeln in risikoreichen oder belastenden Lagen verlangen ein *waches Gewissen* und ein *entwickeltes Urteilsvermögen*. Deshalb brauchen Befehle nur ausgeführt zu werden, wenn sie dienstlich begründet sind, sich also letztlich am Verfassungsauftrag orientieren und wenn sie die Menschenwürde nicht verletzen; Befehle dürfen nicht befolgt werden, wenn sie verbrecherische Absichten verfolgen oder zu Vergehen auffordern würden.

Der Wertekanon, das Menschenbild zumal, ist geprägt von den Idealen christlich-abendländischer Zivilisation, an welchen sich die sittlichen Normen des gesellschaftlichen Zusammenlebens orientieren. Werte stiften Sinn und geben Orientierung, Tugenden[36] „erzeugen" eine anständige innere Haltung. Soldaten müssen wissen, warum sie dienen, wofür sie stehen und an was sie sich sittlich orientieren sollen. Wenn der Auftrag „stimmig" ist, achten Soldaten (quasi von alleine) darauf, dass sie Befehle gewissenhaft und nach besten Kräften ausführen.

Vorgesetzte sind sich nicht nur ihrer Macht, sondern auch ihrer Verantwortung bewusst, wenn sie Befehle geben und durchsetzen. Ihre personale Autorität sollte nicht hinter der verliehenen Amtsautorität zu-

---

[36] = taugen; gute Eigenschaften, Persönlichkeitsmerkmale, Erziehungsideale

rückbleiben. Sie wissen, dass sie für das, was sie heute entscheiden, morgen „gerade" stehen müssen. Und für das, was ein Soldat tut oder lässt, soll er sich im Nachhinein nicht schämen müssen.

2.2.3 : politisch gebildet – fachlich kompetent

Im Politik-Unterricht sollten Inhalte und Zusammenhänge der Grundwerte Freiheit und Verantwortung, Gerechtigkeit und Barmherzigkeit, Solidarität und Subsidiarität bearbeitet werden. Diese Werte und die daraus abgeleiteten gesetzlichen Normen unserer Verfassung sind der Kitt für den gesellschaftlichen Zusammenhalt.

Soldaten müssen die komplexen und mitunter komplizierten Zusammenhänge zu Fragen, wie „man Staat macht", verstehen lernen. Politischer Durchblick lässt erkennen, dass die Demokratie unter allen bis heute gefundenen Staatsformen die Beste ist; sie nimmt den Menschen ernst und wird ihm und seinen Bedürfnissen optimal gerecht.

Wer gelernt und erfahren hat, was schützenswert ist, kann schließlich den Sinn und die Notwendigkeit von Sicherheitspolitik verstehen. ‚Staatsbürger in Uniform' bilden sich politisch weiter, lernen aus der Geschichte und kümmern sich um den kulturellen Hintergrund auch und gerade der Länder, in welchen sie eingesetzt werden. Jedem militärischen Führer und jedem Soldaten muss klar sein, dass ethische, rechtliche, politische und kulturelle Bildung notwendig ist, damit er den Anforderungen seines Dienstes gerecht werden und den tieferen Sinn seines Dienstes begreifen kann. In diesem Kontext steht auch die Traditionskultur der Bundeswehr[37]

Natürlich muss ein Soldat, wenn er taugen – taugen kommt von Tugend – soll, sein Handwerk beherrschen: er muss lernen, wie man mit Waffen(systemen) umgeht und sie wirkungsvoll einsetzt. Er muss verstehen, wie sie funktionieren, wie man Fehler behebt und so (drillmäßig) trainieren, dass er sie gleichsam im Schlaf bedienen kann. Soldaten, Offizieren zumal, werden in Laufe ihrer Dienstzeit verschiedene Verwendungen zugemutet; sie lernen gleichsam mehrere Berufe (Berufe im Beruf) und „machen mehrere Jobs". Der Soldatenberuf ist vielseitig.

2.2.4 : physisch belastbar – psychisch stabil

Physische Belastbarkeit verlangt körperliche Fitness; deshalb achtet der Soldat darauf, dass er alles in seinen Kräften Stehende tut, um seine Gesundheit zu erhalten oder wiederherzustellen[38] Ebenso wichtig ist die psychische Stärke des Soldaten, der im Auslandseinsatz gefordert ist. In fremder Umgebung herrschen andere politische, kulturelle und soziale Bedingungen, auf die der Soldat vorbereitet sein muss. Außerdem muss die psychische Belastung durch die Trennung von Familie und sozialem Umfeld bedacht werden. Der Soldat wird bei solchen

---

[37] vgl. „Die Tradition der Bundeswehr - Richtlinien zum Traditionverständnis und zur Traditionspflege der Bundeswehr, März 2018
[38] SG § 17 Abs 4

Einsätzen mitunter extremen Erlebnissen ausgesetzt: Arbeiten unter Beschuss, Bergen und Versorgen Verwundeter und Toter, was sowohl zu Stress und Hektik, zu Apathie und Lethargie, aber auch zu unkontrollierbaren Gefühlsregungen wie Angst, Trauer und Verzweiflung, Wut und Hass führen kann und was der Soldat – und letztlich auch seine Familie – verarbeiten und verkraften muss.

Der moderne Soldat wird – anders als zu Zeiten des Kalten Krieges, als der Frieden der Ernstfall war – mit Krieg und Terror, mit Not und Elend konfrontiert; er muss darauf vorbereitet und auch im Einsatz und danach begleitet werden. Gerade an diesem Punkt wird deutlich, wie umfassend Innere Führung zu verstehen ist.

2.2.5 : mitdenkend – teamfähig

Der gemeinsame Auftrag verbindet. Der eine bewährt sich im Truppenalltag, wenn er zusätzlich Aufgaben von Kameraden übernimmt, die im Einsatz sind, der andere setzt im Einsatzland gar Leib und Leben ein. So hilft der eine, die Last des anderen zu tragen: nur gemeinsam kann es gelingen – Teamfähigkeit ist in hohem Maße gefragt.

Die Arbeitsteilung im Bündnis, aber auch die zunehmende Kooperation und Integration mit Streitkräften anderer Nationen, bringen es mit sich, dass Soldaten die Voraussetzungen erwerben und einüben müssen, in international gemischten Stäben und Truppenverbänden zu dienen. Dabei sollten sie selbstbewusst das einbringen, was sie mit der Inneren Führung an Werten, an Tugenden, an Denk- und Verhaltensweisen verinnerlicht haben.

Mit dem für den soldatischen Dienst notwendigen theoretischen militärfachlichen Wissen üben Soldaten praktische Fertigkeiten ein, um im dienstlichen Alltag überzeugen zu können. Sie streben nach Professionalität und führen ihre Aufträge nach besten Kräften aus. Mit den durch eine solide Ausbildung erworbenen Fähigkeiten sind sie schließlich in der Lage, Aufträge zu übernehmen und als „Sub-Unternehmer" nach eigenem Ermessen durchzuführen. Und mit dem Auftrag übernehmen sie also auch die Verantwortung für ihr Tun. *,Führen mit Auftrag'* verlangt Interaktion auf Augenhöhe – Führungskultur und Gehorsamskultur vom Feinsten.

Innere Führung – auf den Punkt gebracht

Die hier vorgestellten und erläuterten Gedanken münden schließlich in eine Definition. Innere Führung zu definieren ist insofern nicht ganz einfach, weil sie eine komplexe Denkfigur ist. Wie schwer man sich bis heute tut, kann man im "Lexikon Innere Führung" nachlesen. Dort wird in 15 Ansätzen bzw. Versuchen demonstriert, wie schwierig es ist, eine verbindliche und nachhaltige Definition zu finden.[39]

Eine Art Kurzfassung versteckt sich nach Auffassung des Autors in der Ziffer 301 der ZDv 2600/1,

---

[39] vgl. H.-J. Reeb – P. Többicke, Lexikon Innere Führung, Walhalla Fachverlag, Regensburg, Berlin 2003, Definitionen von Innerer Führung 1953 – 2001, Seite 312ff

Innere Führung – Selbstverständnis und Führungskultur der Bundeswehr. Dort heißt es: *„Durch die Innere Führung werden die Werte und Normen des Grundgesetzes in der Bundeswehr verwirklicht."*

Definition „Innere Führung"

Innere Führung ist eine *dynamische* Konzeption zur Verwirklichung von Werten und Normen des Grundgesetzes in der Bundeswehr.

Bestimmend ist das *Menschenbild des Grundgesetzes,* das die innere Verfassung der Bundeswehr prägt, das Miteinander der Soldaten konstruktiv regelt und zu gewissenhaftem Dienen motiviert.

Aus der Wechselbeziehung Armee/Staat bestimmt Innere Führung das Rollenverständnis von *‚Streitkräften in der Demokratie'*; aus dem Verhältnis Gesellschaft/Soldat heraus stützt und gestaltet sie das Selbstverständnis vom *‚Staatsbürger in Uniform'.*

Ihre Prinzipien bewirken – richtig verstanden und umgesetzt – auf vielfältige Weise die *Integration* der Armee in den Staat, konkret: des Bürgers in die Bundeswehr, des Soldaten in die Gesellschaft und – schließlich – der Bundeswehr in die Demokratie.

Anhang

Zum Einstieg in das Thema Innere Führung
Anregung zur Diskussion

Das Geheimnis der Versöhnung
heißt Erinnerung

Kaum ein Satz wurde nach 1945 in Bezug auf Versöhnung so häufig zitiert wie der des Auschwitz-Überlebenden Elie Wiesel: „Es gibt keine Versöhnung ohne Erinnerung an das zugefügte Leid und die dafür Verantwortlichen. Die Erinnerung, – so subjektiv und vom jeweiligen Interesse geleitet sie bleibt – kann befreien und helfen, das Vergangene allmählich zu verschmerzen, selbst wenn der Schmerz nie ganz vergehen wird. Erinnerung ist nötig, nicht allein um der Aufhellung der Vergangenheit willen, sondern noch viel mehr um der Zukunft willen. Dem Vergangenen soll nicht erlaubt werden, Künftiges für alle Zeit zu verstellen. Man eröffnet keinen neuen, unverkrampften Weg des Umgangs miteinander, wenn man das Vergangene verdrängt, beschweigt oder leugnet."[40]
Dieser Gedanke stand Pate bei der „Erfindung" der Inneren Führung.

---

[40] Friedrich Schorlemer: „Wohl dem, der Heimat hat", Aufbau Verlag, Berlin 2019, Seite 128

1 - Gedenkfeier in Warschau
zu 80 Jahren Kriegsbeginn

Frank Walter Steinmeier,
Deutscher Bundespräsident
Rede am 1. September 2019 in Warschau/Polen

„Es gibt keinen anderen Platz in Europa, auf dem es mir so schwer fällt, meine Stimme zu erheben. In meiner deutschen Muttersprache das Wort an Sie alle zu richten.

...

Heute vor achtzig Jahren überfiel mein Land, Deutschland, sein Nachbarland Polen – Ihr Heimatland. Meine Landsleute entfesselten einen grausamen Krieg, der mehr als fünfzig Millionen Menschenleben kosten sollte, unter ihnen Millionen polnische Bürger.

Dieser Krieg war ein deutsches Verbrechen.

Davon zeugt die Geschichte dieses Ortes. Vom ersten Tag des Krieges an nahmen die Deutschen Warschau unter Beschuss. Jahrelang wüteten sie in dieser Stadt. Sie machten ganze Stadtviertel dem Erdboden gleich. Sie deportieren ihre Bewohner. Sie ermordeten Männer, Frauen und Kinder. Polen, seine Kultur, seine Städte, seine Menschen – alles Lebendige sollte vernichtet werden.

Der Terror begann in Wieluń – ein Ort, von dessen Schicksal bis heute viel zu wenige in meinem Land wissen. Heute Morgen haben wir dort gemeinsam der ersten Opfer des deutschen Überfalls gedacht.

114

Oft bemühen wir den Begriff „unermesslich", wenn wir diesen Krieg beschreiben. Wir sprechen vom unermesslichen Leid, das Deutschland über Europa gebracht hat. Ermessen können wir das Leiden tatsächlich nicht. Aber „unermesslich" bedeutet nicht, dass wir von dem Bemühen befreit sind, das Leiden der Opfer mitzufühlen.

Nein, die Vergangenheit ist nicht abgeschlossen. Im Gegenteil: Je länger dieser Krieg zurückliegt, desto wichtiger wird das Erinnern. Ein Krieg ist beendet, wenn die Waffen schweigen. Seine Folgen aber sind ein Erbe für Generationen.

Dieses Erbe ist ein schmerzhaftes Erbe. Wir Deutsche nehmen es an, und wir tragen es weiter.

Als deutscher Bundespräsident gemeinsam mit der deutschen Bundeskanzlerin sagen wir heute allen Polen: Wir werden nicht vergessen. Wir vergessen die Wunden nicht, die Deutsche Polen zugefügt haben. Wir vergessen das Leiden der polnischen Familien ebenso wenig wie ihren Mut zum Widerstand. Wir werden niemals vergessen ...

Vor über eintausend Jahren kam der erste deutsche Gast nach Polen. Jener Gast mit Namen Otto, er trat barfuß in dieses Land als einfacher Pilger im Zeichen von Frieden und Demut.

Ebenso stehe ich heute barfuß vor dem polnischen Volk, als Mensch, als Deutscher, beladen mit großer historischer Last.

Nichts kann die Vergangenheit ungeschehen machen. Worte können den Schmerz nicht heilen. Taten können das Verlorene nicht zurückbringen.

Ich stehe barfuß vor Ihnen – doch ich bin beseelt vom Geist der Versöhnung, den Polen uns geschenkt hat!

Dort steht das Kreuz, dort rief der polnische Papst am Pfingstfest vor 40 Jahren in die Menge: *„Sende aus deinen Geist und erneuere das Angesicht der Erde! Dieser Erde!"*

Diese Erde, diesen Kontinent hat Polen erneuert.

Es ist Polens Geist – es ist Euer Geist der Befreiung, der den Eisernen Vorhang zerrissen hat. Es ist Euer Geist der Versöhnung, der uns Deutschen den Neubeginn geschenkt hat. Es ist Euer Geist der Erneuerung, in dem wir gemeinsam in ein neues, ein friedliches Europa gelangt sind. Dieser Geist, er soll auch heute von diesem Platz in die Welt hinauswehen!

Schaut auf das Grabmal des Unbekannten Soldaten! Schaut auf den Heldenmut und die unbezwingbare Freiheitsliebe der polnischen Nation – sie stehen als leuchtendes Beispiel für die vielen stolzen Nationen Europas, die heute hier versammelt sind.

Schaut auf die Staatsgäste aus vierzig Ländern! Sie alle, deren Vorfahren in jenem Krieg gekämpft und gelitten haben, sie zeigen heute miteinander, dass der Wille zu einer gemeinsamen Zukunft stärker ist als die trennende Kluft der Vergangenheit.

Und schaut auch auf dies: Dass auf diesem Platz, an diesem Tag ein deutscher Präsident vor Ihnen stehen und sprechen darf – das zeigt das lebendige Wunder der Versöhnung.

Die Versöhnung ist eine Gnade, die wir Deutsche nicht verlangen konnten, aber der wir gerecht wer-

den wollen. Daran, an unserer Verantwortung, sollt
Ihr uns messen.

Unsere Verantwortung – sie gilt Europa!

Das vereinte Europa ist die rettende Idee. Es ist die
Lehre aus Jahrhunderten von Krieg und Verwüstung, von Feindschaft und Hass.

Ja, dieses Europa hat das Schlechteste des Menschen
gesehen und dennoch, von Neuem, auf sein Bestes
gesetzt.

Das vereinte Europa setzt auf die Kraft von Humanismus und Aufklärung, auf Freiheit und Recht, auf
den Reichtum seiner Sprachen und Kulturen. Dieses
Europa ist und bleibt ein Projekt der Hoffnung.

Ich weiß wohl, mein Land trägt für dieses Europa
eine besondere Verantwortung. Weil Deutschland –
trotz seiner Geschichte – zu neuer Stärke in Europa
wachsen durfte, deshalb müssen wir Deutsche mehr
tun für Europa.

- Wir müssen mehr beitragen
  für die *Sicherheit* Europas.
- Wir müssen mehr einbringen
  für den *Wohlstand* Europas.
- Wir müssen mehr zuhören
  für den *Zusammenhalt* Europas.

Diese Verantwortung wollen wir Deutsche annehmen. Wir wollen dies mit Demut tun. Vor dem Spiegel unserer Geschichte haben wir Deutsche allen
Grund, die glücklichsten Europäer zu sein. Aber wir

haben keinerlei Grund, uns für die besseren Europäer zu halten.

Unsere Verantwortung, sie gilt auch der transatlantischen Partnerschaft. Wir alle blicken an diesem Jahrestag mit Dankbarkeit auf *Amerika*. Die Macht seiner Armeen hat – gemeinsam mit den Verbündeten im Westen und im Osten – den Nationalsozialismus niedergerungen. Und die Macht von Amerikas Ideen und Werten, seine Weitsicht, seine Großzügigkeit haben diesem Kontinent eine andere, eine bessere Zukunft eröffnet.

Es ist die Größe Amerikas, die wir Europäer bewundern und der wir verbunden sind. Dieses Amerika hat der Welt die Augen geöffnet für die unbändige Kraft der Freiheit und der Demokratie – gerade auch uns Deutschen. Diesem Amerika war das vereinte Europa immer ein Anliegen. Dieses Amerika wollte echte Partnerschaft und Freundschaft in gegenseitigem Respekt.

Vieles davon scheint heute nicht mehr selbstverständlich. Deshalb: Lasst uns nicht vergessen, was uns stark gemacht hat – diesseits und jenseits des *Atlantik!* Lasst uns das Gemeinsame bewahren in dieser Welt voller Veränderung und schwindender Gewissheiten!

Wir wissen wohl: Europa muss stärker und selbstbewusster werden. Aber wir wissen auch: Europa soll nicht stark sein ohne Amerika – oder gar gegen Amerika. Sondern Europa braucht Partner. Und ich bin sicher, auch Amerika braucht Partner in dieser Welt. Also lasst uns diese Partnerschaft pflegen!

Lasst uns den Anspruch bewahren, dass der Westen mehr ist als eine Himmelsrichtung!

Unsere Verantwortung, sie bedeutet für uns Deutsche auch dies: Nie wieder Nationalismus!

Nie wieder dürfen Deutsche rufen: „Deutschland, Deutschland über alles!" Nie wieder sollen Nationen sich über andere Nationen erheben – Menschen über andere Menschen, Rassen über andere Rassen. Nie wieder soll die Vernunft verloren gehen. Nie wieder sollen Hass und Selbstsucht entfesselt werden im Zusammenleben der Völker.

Unsere Väter und Mütter haben aus der Geschichte gelernt. Über den Gräbern der Toten haben sie einander die Hand zur Versöhnung gereicht. Gemeinsam haben sie einen neuen Weg in die Zukunft gefunden – den Weg der guten Nachbarschaft, den Weg der Zusammenarbeit, mit Regeln für den Frieden, mit verbrieften Rechten für alle Menschen. Diesen Geist der Versöhnung wollen wir bewahren! Den Weg der Gemeinsamkeit müssen wir weitergehen!

Als deutscher Gast trete ich barfuß vor Sie auf diesen Platz. Ich blicke in Dankbarkeit auf den Freiheitskampf des polnischen Volkes. Ich verneige mich in Trauer vor dem Leid der Opfer.

Ich bitte um Vergebung für Deutschlands historische Schuld. Ich bekenne mich zu unserer bleibenden Verantwortung."

2 - Friedensgebet eines Soldaten*

Herr Jesus Christus,
Du hast uns Soldaten
in den Dienst der Sicherheit
und Freiheit der Völk*er* gestellt.

Gib uns Kraft und Mut,
den Frieden zu sichern,
den Menschen brauchen,
um sich in Würde entfalten zu können.

Dein Reich komme, rufen wir
und denken an eine bessere Welt
mit einfühlsamen und einsichtigen Menschen,
die durch *Liebe* Neid und Hass
und durch *Vernunft* Krieg und Terror überwinden.

Lass' gerade uns Soldaten bezeugen,
dass es Deinem Willen entspricht,
an einer menschlichen Ordnung zu bauen,
die auf *Freiheit* und *Verantwortung*,
auf *Wahrheit* und *Gerechtigkeit* gründet
und die Liebe zur Dir
und unter uns Menschen fördert.

Amen.

* Katholisches Gebet- und Gesangbuch, Berlin 2019, Nr 74, Seite 68

Fürbitten: Widerstand gegen das NS-Regime

(orientiert an den *Leitsätzen* und am *Gebet der GKS*)

Herr Jesus Christus, Dein Vater hat sich durch Dich als Freund der Menschen geoffenbart und Du empfiehlst ihn uns als Vater aller Menschen: weltumspannende Geschwisterlichkeit.

Als leibhaftige Liebeserklärung Gottes an uns Menschen heilst Du, was verwundet ist, richtest auf, was gefallen ist, beflügelst das Gute in uns.

Dein Geist möge uns bewegen und begleiten, jeden Tag und durch unser ganzes Leben. Darum bitten wir:

- Die Widerstandskämpfer im III. Reich handelten *aus dem Glauben* an eine bessere Zukunft. Sie setzten sich dafür ein, dass das Böse überwunden und das Gute Raum gewinnen konnte. – *Stärke unseren Glauben* und lass' uns Deine Güte, Deine Liebe und Menschenfreundlichkeit als Kraftquelle erkennen.

- Sie folgten ihrem Gewissen und erhoben sich gegen Willkür und Unterdrückung der menschenverachtenden Nazi-Diktatur. Als Soldaten versprechen wir heute, *Recht und Freiheit* unseres Volkes tapfer zu verteidigen. – Mögen alle Völker – wie wir inzwischen – in einer politischen Ordnung leben, in der sie sich in Würde entfalten können.

- Die Widerständigen im III. Reich waren die eigentlich Anständigen. Sie fühlten sich an *Werte* gebunden, die Sinn stiften und Orientierung geben; sie verkörperten *Tugenden,* die von einer ehrenhaften inneren Haltung zeugen. – Lass' uns erkennen, woran wir uns *sittlich binden*; gibt uns einen starken Charakter und lass' uns aufrecht durchs Leben gehen.

- Nie wieder wollen wir uns über andere Völker erheben. Wir haben erkannt, dass alle Menschen Deine Geschöpfe sind und dass die Menschheit eine Familie ist. – Lass' uns begreifen, wie wichtig es auch und gerade deshalb ist, dass wir uns *ethisch, rechtlich, politisch* und *kulturell* weiter*bilden*.

- Viele der Widerstandskämpfer waren fähige Soldaten; sie erhoben sich, auch, weil sie den Weitblick hatten und sich ihrer Vorbildfunktion bewusst waren. Im täglichen Dienst ist *fachliches Können* wichtig, im Einsatz entscheidend. – Mache uns zu guten Soldaten, die Ihre Fähigkeiten in den Dienst am Wohl aller Völker stellen. Und mache uns allen bewusst, dass Vorgesetzte immer in Beispiel und Haltung Vorbilder sind.

- Wenn wir uns vor Gott und den Menschen bewähren und anständig bleiben wollen, haben wir unseren Dienst nach bestem *Wissen* und *Ge*wissen zu verrichten. – Lass' und einen *Gehorsam* kultivieren, der aus Einsicht in Notwendigkeiten folgt und der sich an den hohen Zielen von Völkerrecht und Menschwürde orientiert.

- Das II. Vaticanum mahnt, dass Soldaten „Diener der Sicherheit und Freiheit der Völker" sein sollen. Und das Konzil bestätigt uns Soldaten, wenn wir zur „Festigung des Friedens" beitragen. – Lass' uns immer und überall daran denken, dass wir *dem Frieden verpflichtet* sind.

Herr Jesus Christus, Dein Geist schafft Gerechtigkeit und stiftet Frieden. Er zeigt uns den Weg in die Weite, der uns in die Freiheit führt, in die *Freiheit auf Bewährung.* – Mache uns immer neu bereit, Verantwortung vor Dir und den Menschen zu übernehmen.

Erfülle uns mit Heiligem Geist, der uns eint und stärkt und ermutigt, der durch seine Kraft das Angesicht der Erde zu erneuern vermag.

Darum bitten wir Dich, unseren Bruder und Herrn. Amen.

Fürbitten für Soldaten im Einsatz

Unser Vater, Gott der Gerechtigkeit und des Friedens: Du hast uns Soldaten berufen, Frieden zu *sichern* und zu *fördern,* damit Menschen sich *in Würde* entfalten können:

- Wir stehen mit ganzer Kraft für die Sicherheit und Freiheit der Menschen in Krisen- und Kriegsregionen ein, um für sie das Leben erträglich und verträglich zu machen. – Gib uns Kraft und Mut, dass wir unseren Auftrag *recht* erfüllen können und unbeschadet an Leib und Seele zurückkehren.

- Immer wieder sehen wir uns vor schwierige Entscheidungen gestellt. – Lass' uns erkennen, was gut und was – im Dilemma – das kleinere Übel ist.

- Manche Kameraden haben Schlimmes erlebt. – Stehe ihnen bei, wenn sie traumatische Erlebnisse verarbeiten damit ihre Verletzungen an Leib und Seele heilen und sie wieder in den Alltag zurückfinden können.

- Soldaten haben im Einsatz den höchsten Preis bezahlt und ihr Leben verloren. – Lass' die Gefallenen und Verunglückten das *ewige* Leben in Dir finden.

- Viele Partnerschaften und Familien leiden unter dienstlich bedingter Trennung. – Hilf, dass die Belastungen erträglich bleiben und die Beziehungen halten.

- „Mens agitat molem" - der Geist bewegt die Materie: „Komm' Heiliger Geist und entzünde in unseren Herzen das Feuer Deiner Liebe." – Lass' uns kameradschaftlich miteinander umgehen. Und lass' uns die vielfältigen Herausforderungen in unserem Alltag bestehen: dem Frieden verpflichtet – das Gemeinwohl im Sinn.

- Wir sind, wo wir gehen und stehen, auf Deinen Beistand angewiesen. – Schenke uns auf die Fürsprache des Heiligen Michael Schutz und Segen und unseren Unternehmungen gutes Gelingen.

Denn Du, unser Vater im Himmel, hast die Macht, den Himmel zu erden und allen Menschen guten Willens Gerechtigkeit und Frieden zu bringen.

Darum bitten wir Dich, durch Christus, unseren Bruder und Herrn. Amen

Zum Autor

Helmut Jermer (Jg 1949) diente von 1969 bis 2002 in der Bundeswehr. Er trat nach dem Abitur in die Heeresfliegertruppe ein und durchlief die Offizier- und Hubschrauberführer-Ausbildung. An der Heeresfliegerwaffenschule sammelte er als Ausbilder erste Erfahrungen in der Menschenführung.

Als Jugendoffizier in Oldenburg (11. Panzergrenadierdivision), in Bremen (Verteidigungsbezirkskommando 20) und Bonn (Streitkräfteamt / Bundesministerium der Verteidigung) informierte er als „Öffentlichkeitsarbeiter" über die Sicherheitspolitik der Bundesrepublik und ihr Instrument, die Bundeswehr. Als Informationsstabsoffizier war sein Schwerpunkt die Beantwortung von Bürgerfragen im InfoService der Bundeswehr.

Helmut Jermer ist geprägt durch seine christliche (katholische) Sozialisation und beschäftigt sich bis heute mit Fragen der Militär- und Friedensethik. Auf evangelischen Kirchentagen und Katholikentagen stellte er sich kritischen Fragen im Themenfeld: Christ und Soldat; er sieht „ökumenische Schnittmengen" zwischen katholischer Soziallehre und evangelischer Friedensethik. Bis heute interessiert er sich für Themen, die Sicherheitspolitik mit Friedensethik kreuzen.

Über 20 Jahre gehörte er dem Bundesvorstand der Gemeinschaft Katholischer Soldaten (GKS) an. Dort leitete er u.a. den Sachausschuss Innere Führung. Zuletzt war er Pressesprecher des Verbandes. 12 Jahre lang war er für den ‚Katholikenrat beim Katholischen Militärbischof' Mitglied im ‚Zentralkomitee der Deutschen Katholiken' (ZdK)

In Fachzeitschriften veröffentlichte er seine Gedanken zu ethischen Aspekten des Dienstes als Soldat der Bundeswehr und zur Sicherheitspolitik der Bundesrepublik Deutschland.

Carola Hartmann Miles-Verlag

Reihe Standpunkte und Orientierungen

Daniel Giese, *Militärische Führung im Internetzeitalter,* Berlin 2014.

Dirk Freudenberg, *Auftragstaktik und Innere Führung. Feststellungen und Anmerkungen zur Frage nach Bedeutung und Verhältnis des inneren Gefüges und der Auftragstaktik unter den Bedingungen des Einsatzes der Deutschen Bundeswehr,* Berlin 2014.

Uwe Hartmann (Hrsg.), *Lernen von Afghanistan. Innovative Mittel und Wege für Auslandseinsätze,* Berlin 2015.

Fouzieh Melanie Alamir, *Vernetzte Sicherheit – Quo Vadis?,* Berlin 2015.

Hartwig von Schubert, *Integrative Militärethik. Ethische Urteilsbildung in der militärischen Führung,* Berlin 2015.

Uwe Hartmann, *Hybrider Krieg als neue Bedrohung von Freiheit und Frieden. Zur Relevanz der Inneren Führung in Politik, Gesellschaft und Streitkräften,* Berlin 2015.

Klaus Beckmann, *Treue.Bürgermut.Ungehorsam. Anstöße zur Führungskultur und zum beruflichen Selbstverständnis in der Bundeswehr,* Berlin 2015.

Florian Beerenkämper, Marcel Bohnert, Anja Buresch, Sandra Matuszewski, *Der innerafghanische Friedens- und Aussöhnungsprozess,* Berlin 2016.

Martin Sebaldt, *Nicht abwehrbereit. Die Kardinalprobleme der deutschen Streitkräfte, der Offenbarungseid des Weißbuchs und die Wege aus der Gefahr,* Berlin 2017.

Christian J. Grothaus, *Der „hybride Krieg" vor dem Hintergrund der kollektiven Gedächtnisse Estlands, Lettlands und Litauens,* Berlin 2017.

Uwe Hartmann, *Der gute Soldat. Politische Kultur und soldatisches Selbstverständnis heute,* Berlin 2018.

Christian Bauer, Marcel Bohnert, Jan Pahl, *Vitalis Innere Führung! Zum Status Quo der Führungskultur in den deutschen Streitkräften,* Berlin 2018.

Innere Führung

Uwe Hartmann, *Innere Führung. Erfolge und Defizite der Führungsphilosophie für die Bundeswehr,* Berlin 2007.

Wolf Graf von Baudissin, *Grundwert Frieden in Politik – Strategie – Führung von Streitkräften,* hrsg. von Claus von Rosen, Berlin 2014.

Angelika Dörfler-Dierken, Robert Kramer, *Innere Führung in Zahlen. Streitkräftebefragung 2013,* Berlin 2014.

Christian Göbel, *Glücksgarant Bundeswehr?,* Berlin 2016.

Angelika Dörfler-Dierken (Hrsg.), *Hinschauen! Geschlecht, Rechtspopulisums, Rituale: Systemische Probleme oder individuelles Fehlerverhalten?,* Berlin 2019.

Donald Abenheim, Uwe Hartmann (Hrsg.), *Tradition in der Bundeswehr. Zum Erbe des deutschen Soldaten und zur Umsetzung des neuen Traditionserlasses,* Berlin 2018.

Donald Abenheim, Uwe Hartmann, *Einführung in die Tradition in der Bundeswehr. Das soldatische Erbe in dem besten Deutschland, das es je gab,* Berlin 2019.

Jahrbuch Innere Führung (seit 2009)

Uwe Hartmann, Claus von Rosen (Hrsg.), *Jahrbuch Innere Führung 2017. Die Wiederkehr der Verteidigung in Europa und die Zukunft der Bundeswehr,* Berlin 2017.

Uwe Hartmann, Claus von Rosen (Hrsg.), *Jahrbuch Innere Führung 2018. Innere Führung zwischen Aufbruch, Abbau und Abschaffung: Neues denken, Mitgestaltung fördern, Alternativen wagen,* Berlin 2018.

www.miles-verlag.jimdo.com